LA RADIESTHÉSIE

Comment maîtriser son pendule facilement, en quelques jours et en toute sécurité ?

La méthode simple et efficace pour bien utiliser votre pendule avec exercices pratiques

par Chantal Vereyen

Site internet : https:// www.chantalvereyen.com
Boutique en ligne : https://boutique.chantalvereyen.com

SOMMAIRE

Introduction	7
La radiesthésie	10
Le pendule	19
Les différents types de pendule	19
Comment choisir son pendule ?	20
Comment tenir un pendule ?	21
Conseils avant d'utiliser un pendule	29
La protection	34
La purification	38
Recharger son pendule	46
Où penduler ?	53
La convention Oui / Non	56
Les dangers de la radiesthésie	60
Poser les questions	62
Questions régulièrement posées sur la radiesthésie	81
Conclusion	90

INTRODUCTION

Bonjour,

Je m'appelle Chantal Vereyen.

Je suis née dans une famille nombreuse composée de 5 filles. Et moi, je suis la petite dernière. Non, je ne suis pas la petite chouchoute, loin de là. Je suis, au contraire, la cinquième roue du carrosse, le mouton noir, la mauvaise herbe dont on ne peut se débarrasser sans un horrible insecticide.

J'ai connu la dévalorisation pendant toute mon enfance, toute mon adolescence, et ce jusqu'à mes 28 ans.
J'ai aussi connu le harcèlement au travail.

Et j'ai dû apprendre à gérer cela, tout en étant hypersensible aux émotions des autres, aux énergies qui m'entourent, hypersensible aux aliments. Cependant,

j'ai toujours voulu appartenir à cette société, rentrer dans le moule.

En fait, je voulais être comme tout le monde. Jusqu'au jour où durant l'année 2005, je n'en pouvais plus : je ne voulais plus rester sur cette terre.

De chenille à papillon, je me suis transformée

Ne pouvant plus admettre cette triste réalité, j'ai décidé de faire quelque chose.

C'est alors que l'énergétique via le Reiki est arrivé sur mon chemin, sans aucun hasard évidemment.

Voulant changer les choses, j'ai décidé de me réorienter professionnellement.

Je me suis inscrite à une formation en naturopathie.

Malheureusement, je ne l'ai jamais terminée car le cursus a commencé par le module bioénergétique.
On m'y a parlé de chakras, de méridiens, de Yin et Yang etc.

J'avoue ne pas avoir tout compris au départ.
Cependant, j'ai senti que j'avais mis le pied à l'étrier.

L'énergétique faisant son chemin dans ma vie, je me suis réveillée un matin, avec en tête le mot « pendule ».
Je ne savais pas ce que c'était, je ne savais pas comment l'utiliser, je ne savais pas à quoi cela servait. En vérité, je n'y connaissais rien. Pourtant, ni une ni deux, je suis allée acheter un pendule.

Et devinez quoi ? Ma surprise fut très grande car dès que j'en ai pris un en main, il s'est mis à bouger fortement. J'avais désormais mon outil.

Et après que faire avec cela ?

J'ai acheté plein de livres. J'ai fait évidemment ce qui était écrit. Toutefois, je me suis retrouvée devant un gros souci car mes réponses allaient dans tous les sens et ma convention oui/ non également. Alors j'ai voulu abandonner.

Mais avant de laisser tout tomber, j'ai voulu comprendre ce qu'il se passait et je me suis mise à faire plein de tests.

Et j'ai compris que derrière ce simple pendule se trouvaient des règles à suivre.

Au fur et à mesure du temps et de mon expérience, j'ai créé une méthode que je vous partage désormais dans ce livre.

Je vous rassure, cette méthode est simple, à la portée de tous. J'espère qu'elle vous aidera et qu'elle vous réconciliera avec votre pendule, en ajoutant un plus dans votre pratique.

[CHAPITRE 1]
LA RADIESTHÉSIE

Notre corps est capable de ressentir les énergies qui nous entourent.
Il est capable de capter les énergies dégagées par les lieux, les personnes, les maladies, les guides...
La kinésiologie utilise le test musculaire pour obtenir des réponses, la radiesthésie, quant à elle, utilise le pendule ou les baguettes comme outil.

Il existe plusieurs domaines d'application de la radiesthésie comme :

La radiesthésie divinatoire
La radiesthésie médicale
La recherche de personne/d'objet
La géobiologie (recherche de sources, failles...)
La réalisation de soins à distance

Ce livre étant dédié à vous donner des clés pour bien utiliser votre pendule, je vous parlerai brièvement des différents types de radiesthésie dans les lignes suivantes.

La radiesthésie divinatoire

Elle peut être utilisée pour tirer les cartes, pour répondre aux questions amoureuses, l'argent, le travail...
C'est une radiesthésie qui attire beaucoup de monde.
Cependant, je voudrais attirer votre attention sur le fait que les réponses obtenues en radiesthésie sont obtenues à l'instant T.
De grands évènements sont écrits dans notre chemin de vie.
Toutefois, tout n'est pas écrit.
En effet, nos décisions nous appartiennent. Nous ne pouvons changer le passé mais nous sommes maîtres de notre futur ; nous gardons la main sur nos décisions.
S'il vous plaît, n'oubliez jamais que les réponses obtenues dépendent du moment présent.

Elles peuvent changer d'un jour à l'autre et même d'une heure à l'autre. Il est impossible de connaître toutes les interactions qui peuvent se produire dans la vie et autour de nous.
La radiesthésie divinatoire est à utiliser en gardant bien cela en tête.

Elle peut aider, guider de manière extraordinaire les pas que nous accomplissons tout au long de notre existence.

Gardez bien votre libre arbitre et surtout écoutez-vous.

Les réponses obtenues résonnent-elles avec vous ou pas?

Parfois les réponses sont données afin de vous faire réfléchir, afin de vous obliger à mettre en place des actions. Ce qui a pour conséquences de changer les énergies en vous et autour de vous. Le cours des choses change.

En énergétique, rien n'est figé. Tout est en perpétuel mouvement Et il est certain que prédire l'avenir à 100% est très compliqué.

La radiesthésie médicale

La radiesthésie médicale ne remplace en rien l'avis d'un médecin, mais elle peut nous donner des indications sur la gravité d'une maladie par exemple. Elle peut également nous aider à sélectionner les fleurs de Bach qui seraient les plus efficaces pour nous.

On peut également déterminer le temps de prise et combien de gouttes par jour. Cela peut s'appliquer aux remèdes homéopathiques, aux élixirs ou à la lithothérapie.

Je l'utilise beaucoup pour déterminer mes carences alimentaires et déterminer les compléments dont mon corps a besoin.

J'ai des problèmes de thyroïde et en accord avec mon médecin, je vérifie les compléments alimentaires à prendre car ils peuvent changer en fonction de la période estivale et du pays dans lequel je suis.

En travaillant comme cela, on est vraiment à l'écoute de son corps.
Et c'est vraiment intéressant car dans les livres, on vous dira qu'il faut autant de jour de prise pour telle ou telle fleur de Bach (par exemple), alors que votre corps vous dira tout autre chose.
Le corps sait ce dont il a besoin.

Chacun est unique et différent, le nombre de gouttes, le temps de prise peut varier d'une personne à l'autre
Je trouve cela génial et très intéressant.

Savez-vous que la plus grosse difficulté en radiesthésie, c'est le mental.
Nous avons tendance à vouloir influencer le pendule.
Nous aimerions avoir telle ou telle réponse ; nous espérons tellement fort que nous influençons le pendule.
Soyez rassuré, nous verrons plus loin comment faire pour éviter l'influence du mental.

En radiesthésie médicale, je suis assez confiante, car mon mental ne peut pas savoir si je suis carencée en Zinc ou magnésium, par exemple.
Seul le corps le sait.
Étant très sensible, je peux agir sur mon corps avant que cela ne se ressente dans mon quotidien.

Vous l'avez compris, j'adore la radiesthésie médicale. Il existe encore d'autres domaines comme celui de la recherche de personnes ou d'objets perdus.

La recherche de personnes ou d'objets perdus

Certaines personnes y arrivent avec grand succès.
Ce n'est pas donné à tout le monde car en fait, il faut avoir la capacité de bien se connecter à l'énergie de la personne ou de l'objet.
J'aurais tant aimé pour aider des personnes ou des animaux perdus mais il faut se rendre compte de ses propres capacités et j'avoue ne pas être douée dans ce domaine.
Certaines personnes désemparées insistent alors pour savoir si la personne disparue ou si l'animal disparu est décédé.
A cela, non plus, je ne peux répondre.

Voici pourquoi.

Quand je me connecte à une personne ou à un animal, je me connecte à son âme.
Il m'est impossible de savoir si l'âme est incarnée ou désincarnée.
Pour les âmes cette notion n'est pas importante.

Vous allez certainement me dire, "oui mais Chantal, il suffit de regarder son niveau d'énergie"

Eh bien non.

Vous avez des personnes sur terre qui ont une énergie très basse et vous avez des âmes désincarnées qui ont une énergie très haute. Ce n'est pas parce que le niveau d'énergie est bas que l'âme ne fait plus partie de notre monde.

Une âme désincarnée possède aussi une énergie.
Cela me déchire le cœur ; j'ai tout essayé pour y arriver.
Mais rien n'y fait ; cela ne fait pas partie de mes compétences.

Cela aussi, c'est important ; connaître ses limites et les accepter.
La radiesthésie, nous demande d'être humble, honnête vis à vis de soi et des autres.

Je ne peux donc pas vous donner de protocole précis pour arriver à localiser les personnes ou animaux disparus.

Cependant, en géobiologie, là, je suis au top du top.

La géobiologie

Grâce à la radiesthésie, il devient possible de faire l'analyse géobiologique de la maison soit en étant sur place soit à distance. Des énergies perturbatrices peuvent provenir de la terre (source, failles), de l'électricité (mauvaise prise de terre, ondes nocives venant des lampes de chevet etc.) ou même d'énergies invisibles paranormales (ancien cimetière, esprits etc.) !

De telles énergies présentes dans nos maisons peuvent perturber notre sommeil, nous fatiguer, voire provoquer des maladies. Grâce au pendule, vous pourrez déterminer quelles sont les ondes nocives présentes dans votre maison. Vous pourrez alors faire appel aux bonnes personnes pour vous aider tels qu'un électricien, un passeur d'âmes ou un géobiologue. Mais quel est donc le rôle de ce professionnel ?

Un géobiologue est une personne qui s'occupe d'annuler les effets des failles, sources ou autres qui pourraient passer sous votre maison. Par ailleurs, cela fonctionne magnifiquement bien, car là aussi, votre mental ne connaît pas les réponses. Et c'est toute la beauté de la chose.

Sous ma maison passent 6 sources.
Grâce à la radiesthésie, je peux m'assurer que ce qui a été mis en place pour diminuer les effets de ces ondes tient toujours le coup.

La réalisation de soins énergétiques

Notre corps se maintient à une température quasiment exacte de 36,7°C. Cela signifie qu'il produit de la chaleur. Cette dernière, c'est de l'énergie.

Notre corps produit donc de l'énergie qui circule dans tout notre organisme. Il y a donc une circulation énergétique intense. Celle-ci se fait via le sang, la lymphe mais aussi via des éléments invisibles à l'œil nu comme les chakras (les roues qui distribuent l'énergie) et les méridiens (autoroutes qui amènent l'énergie aux organes). Bien sûr, les roues et l'autoroute sont des métaphores afin que vous compreniez mieux où je veux en venir.

Lorsque nos énergies circulent de manière fluide en nous, nous nous sentons merveilleusement bien. Et à ce moment-là, dans le présent, nous avons la force pour faire face aux aléas de la vie. Malheureusement, Il est illusoire de penser que notre vie sera toujours toute rose, contrairement à ce que chantait notre chère Edith Piaf. Des défis, des situations problématiques croiseront notre chemin, c'est inévitable. C'est sans doute pour cela que nous sommes présents sur cette terre. Sans ces difficultés, la vie aurait-t-elle un sens ? Je pense que c'est une piste philosophique à explorer. Avec une circulation énergétique fluide, il nous est plus facile de prendre les bonnes décisions et de créer la vie qui nous convient, sur mesure.

Malheureusement, le stress, les chocs émotionnels peuvent empêcher nos énergies de circuler de manière fluide. En fait, on a coutume de dire que nos énergies sont déséquilibrées. Tout le monde possède des blocages énergétiques ou des déséquilibres énergétiques à un moment donné de sa vie.

Lorsque ces troubles sont trop présents, on peut être fatigué, angoissé, en mal-être et on peut même avoir des douleurs corporelles. Il est donc important d'enlever ces blocages énergétiques, et cela peut se faire à l'aide d'un pendule.
Je suis autodidacte et j'ai appris cela en 2005.
Allez, Je vous explique comment la radiesthésie est arrivée dans ma vie

Comment je me suis intéressée à la radiesthésie ?

Depuis ma naissance, ma vie n'est pas rose.
En fait, ma mère était alcoolique et avait l'alcool méchant.
Selon la version, quand elle avait plusieurs verres dans le nez, soit elle voulait se débarrasser de moi, soit c'était mon père.

Malheureusement, comme elle se plaisait à le dire, les mauvaises herbes sont tenaces. J'ai vécu des années sous les insultes. Quand elle parlait de moi, elle disait « que va-t-on faire de ça ? ».
Grâce à ma volonté, à mon mental et à l'amour des animaux qui m'entouraient, j'ai tenu le coup.

Je pensais qu'en étant dans la vie active, je serais plus heureuse. Mais alors, là, je me suis complètement trompée. J'ai commencé à travailler en tant que technicienne de laboratoire et j'ai été confrontée au harcèlement.

La vie avait donc décidé de ne pas me laisser tranquille.

La période la plus sombre de ma vie

De 2001 à 2005, j'ai vécu une période très sombre. J'ai même cru que je n'allais pas pouvoir rester sur cette terre.

En fait, c'est la radiesthésie qui m'a aidée.

Pas au début, hein, car au début, je vous avoue, la radiesthésie ne m'apportait rien du tout, du moins pas grand-chose. Mes réponses allaient dans tous les sens, et je ne voyais pas l'intérêt de posséder un pendule.
Puis un jour, j'ai tout lâché et j'ai décidé d'écouter mon intuition. J'ai fait comme dans un laboratoire, des essais/erreurs.
Je posais des questions et je tentais de comprendre pourquoi mes réponses étaient fausses.

Et c'est là qu'il m'est arrivé un truc extraordinaire, à force de regarder ce pendule tourner. J'ai senti que mes énergies changeaient et j'ai commencé à être en connexion avec l'invisible.

Au fur et à mesure du temps, j'ai mis en place une technique énergétique exceptionnelle qui m'a aidé à créer une vie qui me convient. Cette méthode peut s'appliquer aux humains comme aux animaux.

Je partagerai certainement cela dans un prochain livre (ne soyez pas déçus !).

Utiliser un pendule, c'est génial et ça nous permet d'avancer dans la vie.
Toutefois, nous pouvons avoir cette impression que penduler ne sert à rien.
Il est vrai que poser des questions et recevoir des réponses fiables est la partie la plus difficile en radiesthésie. Vous le savez, je connais bien cela.

Nous verrons un peu plus tard comment bien poser ces questions et on verra pourquoi cette partie-là est particulièrement compliquée. Ma pratique assidue m'a démontré que la radiesthésie médicale, la géobiologie et les soins énergétiques en radiesthésie sont trois disciplines qui donnent d'excellents résultats. Par ailleurs, ce sont 3 matières que je pratique essentiellement. En radiesthésie, vous devez savoir que l'on peut travailler de deux façons différentes.

La radiesthésie classique

La radiesthésie classique utilise le questionnement et par conséquent le classique oui-non. En fait, c'est celle que je pratique essentiellement sur la base d'un témoin : photo, nom, prénom, date de naissance, lieu de naissance, afin de poser des questions précises. Le but est de ne penser à rien afin d'éviter de parasiter la réponse et le pendule oscille immédiatement dans le sens du oui ou du non.

La radiesthésie oscillatoire

La radiesthésie oscillatoire utilise beaucoup de planches, de schémas. Pour commencer, on place le pendule au milieu de la planche. On pose ensuite la question. Le pendule va se mettre à osciller vers la réponse jusqu'au moment où il oscillera plusieurs fois dans la même case. En ce qui me concerne, j'utilise la radiesthésie classique. Je n'aime pas attendre que le pendule se dirige bien vers la bonne case (je suis un peu impatiente hein). En plus, j'ai l'impression d'influencer le pendule à force d'attendre qu'il se fixe sur la case en question. Bien entendu, vous devez faire en fonction de ce qui vous convient.
Une chose est certaine, testez et voyez avec quelle radiesthésie vous vous sentez en zone de confort.
Je ne rentrerai pas dans les détails car l'important n'est pas de savoir comment utiliser les planches mais bien de vous partager tous les éléments importants de la radiesthésie.
Utiliser les planches ou non, peu importe en fait car si vous ne connaissez pas ce qui se cache derrière l'utilisation du pendule, vous pouvez vous épuiser, vous tromper et remettre tout en question.

Ce livre vous est dédié.

Il est écrit avec le cœur en espérant qu'il vous aidera sur le chemin de la radiesthésie

Commençons par les pendules.

[CHAPITRE 2]
LE PENDULE

Les différents types de pendule

Il existe plusieurs types de pendules. Un pendule est composé d'une ficelle ou chaînette avec un objet fixé au bout.
Placer un objet plus lourd au bout de cet élément permet d'obtenir un mouvement rotatif. Ainsi, vous pouvez essayer de faire tourner une ficelle sans rien au bout, vous pourrez constater que les oscillations sont quasiment nulles. Vos énergies, votre âme et les énergies présentes autour de vous seront transmises au pendule qui se mettra alors en mouvement, comme convenu.
On retrouve souvent des pendules avec un bout pointu pour faciliter l'utilisation des planches. Les pendules peuvent être en pierre, en bois, en métal, de formes différentes.

Dans la littérature, on vous parle de pendules « récepteurs » (pour recevoir les informations) et de pendules « émetteurs » (pour envoyer les ondes à distance).
Avec mon expérience, je peux vous assurer que tous les pendules sont récepteurs et émetteurs (peu importe leur forme ou leurs matériaux). Nous pouvons aussi lire que certains pendules auraient la particularité de ne jamais se charger. Avec mon expérience, j'ai remarqué que ce n'est pas tout à fait exact.

Quoi que vous puissiez lire dans les livres, sachez que tout pendule peut se charger négativement. Pour le décharger je vous expliquerai plus tard comment faire.
On vous explique aussi qu'il faut un pendule avec telle pierre pour faire ceci ou cela, ou bien un pendule de telle forme pour faire ceci ou cela. Pour tout vous dire, je pratique la radiesthésie depuis 2006. J'ai une vingtaine de pendules à la maison et je les ai tous essayés. Ils fonctionnent tous quel que soit leur usage, leur forme ou la matière dans laquelle ils sont fabriqués. La radiesthésie était utilisée il y a très longtemps, là où toutes ces considérations n'existaient pas, et pourtant cela fonctionnait très bien.

Comment choisir son pendule ?

En soi, la matière du pendule n'a aucune importance.
Pour débuter, je vous conseille de choisir un pendule léger.

En effet, il existe de magnifiques pendules grands et lourds.

Seulement, l'utilisation de tels pendules peut devenir handicapante car leur poids peut provoquer des douleurs au niveau des bras ; vous aurez le plaisir de découvrir cela plus loin dans le livre.

Cela m'est arrivé, et c'est difficilement supportable.

Je vous conseille de choisir le pendule qui vous attire.
Comme pour toute chose, c'est beaucoup plus agréable de travailler avec des outils qui nous plaisent.

La couleur, la forme, ou tout autre élément feront pencher la balance pour un pendule en particulier.

Et pour obtenir de bonnes réponses, il est indispensable que votre pendule soit réactif. Cela signifie qu'il doit bouger très, très, très fort dans vos mains comme un hélicoptère par exemple.

Quoiqu'il en soit, avec un pendule réactif, vous aurez des réponses franches.

Si celui-ci bouge très doucement, il deviendra difficile pour vous d'être certain de la réponse obtenue.

Avant de déterminer si votre pendule est réactif, voyons, dans un premier temps, comment tenir votre pendule.

Comment tenir un pendule ?

Nous allons voir si votre pendule est réactif dans vos mains mais avant cela, voyons comment le tenir. Je vous conseille de penduler assis. Si vous vous mettez debout, le mouvement infime de votre corps peut provoquer une oscillation du pendule.

Voici le protocole suggéré :

a. Asseyez-vous confortablement les deux pieds au sol.

b. Utilisez la main qui vous convient. Droite ou gauche, car cela n'a aucune importance.

c. Placez le coude sur la table. C'est comme cela que je fais afin d'éviter au coude de donner du mouvement en trop au pendule.

Ne vous inquiétez pas, vous ne bloquez pas vos énergies. Lorsque vos coudes sont pliés, votre sang arrive quand même jusqu'à vos doigts, non ?

Et bien, il en est de même pour vos énergies.

d. Placez la chaînette ou la ficelle dans la paume de la main et descendez-la un peu.

e. Tenez la chaînette ou la ficelle entre le pouce et l'index, refermez les autres doigts sur la paume de main et retournez votre main. La chaînette ou ficelle doit mesurer environ 8 cm.

Maintenant, je vais vous expliquer ce qu'il ne faut surtout pas faire :

a. Tenir le pendule du bout de la chaînette ou ficelle. Les oscillations seront très grandes. Et donc le pendule risque de taper sur votre corps.

Au bout d'un moment, les oscillations se déforment et les réponses ne seront pas claires.

b. Tenir le pendule en laissant trop peu de chaînette ou ficelle.

Les oscillations ne seront pas très franches et vous ne pourrez pas déterminer la véritable réponse donnée par le pendule.

c. Tenir le pendule au milieu de la chaînette ou ficelle en laissant pendre d'un côté la chaînette et de l'autre côté le pendule.

Chaque partie qui pend de part et d'autre de votre main fera office de pendule. Votre énergie sera divisée entre les deux parties et vous risquez d'avoir une réponse faible.

d. Enrouler la chaînette ou ficelle autour d'un doigt. Vous risquez de trop serrer la ficelle ou la chaînette et donc empêcher le pendule de bouger.

Maintenant que vous savez comment tenir un pendule, voyons si celui-ci est réactif dans vos mains :

a. Prenez votre pendule dans la main qui vous convient.

b. Mentalement ou à haute voix dites la phrase suivante : « cher pendule bouge très très fort ». Vous pouvez l'aider en lui donnant une petite impulsion d'avant en arrière. Certaines personnes auront besoin de donner une impulsion, d'autres pas.

c. Observez son oscillation. Le pendule doit bouger d'une manière ou d'une autre. En fait, peu importe s'il tourne ou s'il va d'avant en arrière. Ce que je veux, c'est qu'il bouge très fort.

Si votre pendule bouge tout doucement, demandez-lui d'aller de plus en plus fort :
« Cher pendule, bouge de plus en plus fort ».
Je vous conseille de changer de main afin de vérifier celle qui vous convient le mieux.

Vous pouvez aussi placer le pendule au-dessus de la paume de l'autre main, cela peut parfois donner de meilleur résultat.

Si le pendule ne bouge pas, c'est que vos énergies doivent être travaillées afin qu'elles puissent faire réagir votre pendule.
En fait, j'estime que tout le monde possède de l'énergie et tout le monde est capable d'utiliser un pendule.

Parfois, un travail sur ses énergies et de l'entraînement est nécessaire. Nous verrons plus loin les exercices que vous pouvez ajouter. En attendant, n'hésitez pas à réaliser encore et encore cet exercice avec patience et bienveillance.

La radiesthésie met parfois à rude épreuve notre patience. Alors, restez zen et n'essayez pas d'aller trop vite. Plus vous vous entraînerez, plus les oscillations deviendront franches. Il est important d'avoir un pendule réactif qui vous donne des réponses tangibles. Si vos réponses sont timides, vous risquez de mal interpréter celle-ci.
Et il se peut que vous vous posiez la question suivante :

Suis-je fait pour la radiesthésie ?

Voilà une question qui m'est souvent posée. Je considère que si vous êtes attiré par les pendules, vous êtes fait pour la radiesthésie. Il ne faut pas un don particulier à mon sens. Ce qui est génial en radiesthésie, c'est qu'il ne faut rien ressentir.
En revanche, il faut que votre pendule bouge.

Et ce n'est pas parce votre pendule est timide que vous n'êtes pas fait pour la radiesthésie. Non, non, c'est juste qu'il faille patienter pour que tout se débloque.
Je me souviens d'une de mes stagiaires, Naïck, elle disait avoir un pendule très peu réactif. Il n'y avait quasiment aucun mouvement.

Alors, elle a participé à plusieurs masters class et un jour avec bonheur, elle a vu son pendule réagir plus fort. Au fur et à mesure du temps, son pendule s'est mis à réagir de plus en plus. Par moment, c'est comme s'il fallait remettre la machine en route.

Donc ne doutez jamais. Si vous aimez le pendule, vous êtes fait pour la radiesthésie.
Mais, je rajouterais encore une petite chose, nos croyances (je

n'y arriverai pas, ce n'est pas pour moi), notre éducation (attention, la radiesthésie c'est du charlatanisme) et notre environnement peuvent avoir un impact sur notre pratique.

Tout cela peut nous bloquer. Je le sais pour l'avoir vécu. Quand j'ai acheté mon premier pendule, j'étais euphorique, je trouvais ça génial. Innocemment, j'en ai parlé à ma famille.
Ouïe, ouïe, quelle mauvaise idée. Moi qui étais technicienne de laboratoire et qui était consultante en formation pour le milieu pharmaceutique, cela a été un choc pour eux. Et à ce moment-là, j'ai dû batailler contre moi-même.

En utilisant le pendule, je m'affirmais comme étant vraiment le mouton noir de la famille. En somme, celle qui est à part, qui ne rentre pas dans le moule. Honnêtement, je n'avais pas envie de cela. Mais c'est comme si je devais absolument suivre la voie que me traçait ce pendule.

Alors, j'ai travaillé sur moi pour accepter cela. Puis, j'ai eu l'excellente idée d'ouvrir un centre de santé. Aux yeux du monde, j'avouais faire de la radiesthésie. J'avouais que j'utilisais le pendule pour travailler sur les énergies des personnes.
Ouf.
Les angoisses que j'ai eues ! Je pensais qu'on allait m'enfermer, qu'on allait se moquer. Mais rien, rien ne s'est passé. Pour apaiser les choses, j'ai travaillé sur ces peurs et sur mes vies antérieures. En effet, je pense vraiment que ces peurs avaient comme origine des évènements vécus dans d'autres vies.

Petit à petit, les peurs se sont envolées.
La preuve, je propose maintenant des formations, je fais des conférences et vous lisez ce livre que j'espère fabuleux.
 Si ces deux histoires résonnent en vous, voici un petit exercice à réaliser.

Je travaille beaucoup sur mes peurs et sur mes émotions grâce à la répétition de phrases positives. Votre cerveau ne fait pas la différence entre le vrai et le faux, sachez-le.
Vous pouvez déconstruire tous vos programmes négatifs en répétant inlassablement des phrases positives.

Le cerveau intégrera ces phrases positives et les peurs disparaîtront au fur et à mesure.
Cela ne se fait pas en un jour mais en plusieurs semaines voire plusieurs mois.
Cela dépendra du travail à effectuer.
Vous pensez bien que cela m'a pris plusieurs mois.

Voici les phrases que je vous propose de réciter mentalement tout au long de votre journée :

Je suis un.e grand.e radiesthésiste, mon pendule réagit très fort à chaque fois que je le prends en main.

Je suis fier(e) de faire de la radiesthésie. J'accepte qui je suis, je suis une belle personne.

Ces phrases vont réellement vous apaiser.
En fait, elles vont travailler sur vos énergies afin que votre pendule soit très réactif dans vos mains. Vous pouvez changer les phrases au fur et à mesure du temps. Lorsqu'elles auront fait leur effet, vous n'en aurez plus besoin et vous les oublierez.

En résumé :

- **Tout le monde peut faire de la radiesthésie**
- **Tout pendule est efficace**
- **Tout pendule se charge négativement**
- **Tenez votre pendule comme il se doit**
- **Entraînez-vous pour avoir un pendule réactif**
- **Répétez-vos phrases pour ouvrir vos énergies à la radiesthésie**

[CHAPITRE 3]

CONSEILS AVANT D'UTILISER UN PENDULE

Lorsque j'ai commencé à utiliser un pendule, je prenais simplement le pendule et je me contentais de poser mes questions. Ce fût une vraie catastrophe !!
En fait, mes réponses n'avaient aucun sens et pire parfois, je me sentais vraiment fatiguée. C'est comme si toutes mes énergies partaient avec les oscillations du pendule. Alors, j'ai voulu abandonner, car je ne voyais pas l'intérêt de continuer

Voir tourner ce pendule était sympa, mais finalement qu'est-ce que ça m'apportait concrètement ? Je ne suis pas quelqu'un qui baisse les bras facilement et étant technicienne de laboratoire à la base, j'ai commencé à faire des expérimentations pour découvrir où était le problème.

Et c'est là que j'ai découvert qu'avant de poser des questions, avant de réaliser sa convention oui/non, certaines règles doivent être suivies. Quand j'ai commencé, je n'avais pas conscience que le pendule était la continuité de mes énergies et de mon âme.

En fait, quand on pose une question au pendule, qui répond ? Notre âme, nos énergies mais aussi les énergies qui nous entourent. Quand je pose une question, mon âme envoie la réponse via le pendule mais les énergies qui m'entourent peuvent aussi envoyer des réponses par l'intermédiaire de celui-ci.

Voilà la toute première clé que j'ai découverte. Le pendule est sensible à nos énergies et à celles présentes autour de nous. Cette clé magique change tout et modifie la vision de la radiesthésie. Pour arriver à penduler efficacement, il est indispensable de suivre les règles de base de l'énergétique.

Voyons ces règles de base.

Pour bien les comprendre, on va commencer par parler d'énergies néfastes

Les énergies néfastes

Ce n'est pas parce qu'il n'y a rien qu'on ne voit rien.
Lorsque vous téléphonez à une personne, vous envoyez des ondes que vous ne voyez pas, et pourtant vous arrivez à avoir une conversation.
Tout autour de nous, dans l'invisible, il existe des énergies qui nous sont familières et sont parfois totalement inconnues.

Certaines de ces énergies peuvent être bénéfiques pour nous. Elles nous protègent, elles nous boostent. Tandis que d'autres sont néfastes pour nous.
Ces énergies néfastes sont par exemple des esprits, des énergies négatives envoyées par d'autres personnes (jalousie par exemple), des énergies négatives errant sur la terre. Elles sont néfastes car elles peuvent avoir un impact négatif sur nous et sur les réponses obtenues au pendule.

Lorsque nous avons des énergies néfastes collées sur nous, nous pouvons être fatigués, angoissés, ressentir un mal-être. Nos énergies sont parasitées et peuvent provoquer des mauvaises réponses. Les énergies néfastes peuvent également se coller à votre pendule provoquant ainsi de mauvaises réponses.

Avant de penduler, il est donc indispensable d'éliminer toute énergie néfaste présente sur vous, à l'extérieur, et sur votre pendule.

Comment éliminer les énergies néfastes ?

Pour éliminer ces énergies, il faut :

- **Se connecter à des énergies bénéfiques**
- **Se protéger**
- **Purifier le pendule**
- **Se purifier**
- **Purifier la pièce dans laquelle vous penduler**

Et cela à chaque fois que vous voulez penduler.

Nous allons voir tout cela en détail. Commençons par les énergies bénéfiques

Les énergies bénéfiques

De 2001 à 2005, j'ai vécu une période très, très sombre. Je subissais le harcèlement au travail. J'étais devenue maman pour la deuxième fois et ma fille était positive à la mort subite. Chaque fois que je la mettais au lit, je savais qu'il y avait une chance de ne plus la revoir vivante.

J'étais épuisée, alors je me demandais si rester sur cette terre en valait encore la peine. Pour m'en sortir, j'ai décidé d'aller voir une personne qui faisait du Reiki.
Le Reiki est un soin énergétique qui se fait par l'intermédiaire des mains. Puis, petit à petit, j'ai remonté la pente.

Je me suis même formée au Reiki : je suis allée jusqu'au niveau 3. Cependant, j'ai vite laissé tomber car chaque fois que je donnais des soins Reiki, je me sentais très mal. J'avais la tête qui tournait et j'avais des nausées.
C'est grâce à l'utilisation du pendule que j'ai compris pourquoi.

Lorsque l'on donne des soins Reiki, en tous les cas, dans la pratique que j'ai apprise, on fait appel aux énergies de l'univers. Les énergies de l'univers passent par nous pour effectuer le soin. Il y a cette croyance que lorsque l'on s'adresse à l'univers, on ne s'adresse qu'à des énergies bénéfiques.

C'est une fameuse erreur. Pourquoi n'y aurait-il que du bénéfique dans l'univers ?
Comme sur terre, on retrouve des énergies bénéfiques et des énergies néfastes pour nous. Quand je faisais appel à l'univers, je faisais automatiquement appel aux deux, et malheureusement pour moi, les énergies néfastes se collaient à moi et m'épuisaient.

Vous souvenez-vous, quand j'ai commencé le pendule ? Je me suis sentie fatiguée, comme vidée de mes énergies. J'ai repensé à mon expérience avec le Reiki et j'ai compris. Je me suis rendu compte que j'étais sensible aux énergies néfastes. Chaque fois que j'étais en présence de celles-ci, je me sentais mal.

Alors j'ai commencé à vouloir comprendre pourquoi je me sentais fatiguée lorsque je pendulais.

J'ai compris que dès que l'on pose des questions au pendule, on attire à soi des énergies de toutes sortes, comme un aimant. Et bien évidemment, dans ces énergies, il y en a des néfastes qui viennent nous parasiter et perturber les réponses obtenues.

Donc comment faire pour s'en dépêtrer ? Pour m'assurer d'avoir de bonnes réponses, j'ai voulu être certaine d'avoir de belles énergies autour de moi.
Ces énergies pourraient me protéger, et le cas échéant, empêcher tout parasitage

Étant sensible aux énergies néfastes, j'ai fait plein d'essais et j'ai appelé mes guides
Et je me suis rendu compte que tous les guides n'étaient pas bienveillants.
On peut être mal orienté, malheureusement.

J'ai fait appel aux anges, aux archanges …Et finalement, j'en suis venue à la même conclusion.
En fait, à force de faire tous ces essais, à regarder le pendule tourner, je me suis rendu compte que mes énergies changeaient.

Je me suis rendu compte que j'arrivais à être de plus en plus connectée à l'invisible.

Mon intuition se développait et j'avais l'impression d'être guidée vers de très belles énergies. Il m'a fallu du temps, des années pour arriver à les trouver.

Ces belles énergies se sont présentées à moi comme le pendule.

Un jour, je me suis levée avec en tête les mots « cercles de lumière ».

Je me suis connectée aux cercles de lumière et là tout à coup, je me suis sentie entourée et aimée. C'est quoi ces cercles ?

Les cercles de lumière regroupent des énergies bénéfiques qui travaillent avec l'amour inconditionnel, le respect et la bienveillance. Toutefois, chose très importante, ces énergies viennent à nous pour nous aider à avancer sur notre chemin.

Vous pouvez être entouré par des êtres d'amour, si leur mission n'est pas de vous aider, ils ne feront rien pour vous. Et cette notion-là change tout. Lorsque je pendule, j'appelle donc le cercle de lumière des guides qui m'accompagnent.

En quelques millièmes de secondes, de belles énergies viennent à moi pour me guider. C'est une chose importante lorsque l'on veut utiliser un pendule.

Je sais que vous aimeriez savoir qui se trouve dans le cercle de lumière parmi les guides qui vous accompagnent.

Mais vous ne le saurez pas. En fait, Il est impossible de connaître toutes les énergies qui nous entourent. Celles-ci peuvent venir de tout horizon. Elles peuvent venir d'autres univers, de mondes inconnus pour nous.

De plus, en fonction de nos besoins, de ce que nous allons faire avec le pendule, nous allons avoir besoin de telle ou telle énergie. Qui sommes-nous pour connaître celle adéquate pour nos besoins ?

Je vais vous donner quelques explications, car le sujet est un poil complexe (oui, j'adore les animaux). En énergétique, beaucoup de personnes font appel à l'Archange Michaël.
Est-il le mieux placé pour s'occuper de toutes nos demandes ?

En vérité, nous n'en savons rien. Il se peut que nous ayons besoin d'une autre énergie plus adéquate même si nous ne la connaissons pas.
Le cercle de lumière des guides qui nous accompagnent regroupera toute énergie bénéfique qui a la mission de nous aider à avancer en nous guidant.

Lors de votre pratique, quand une idée surgira, elle viendra soit de votre âme soit du cercle de lumière des guides qui vous accompagne. Vous allez être bien entouré et en confiance.

Lors de l'utilisation du pendule, vous travaillerez aussi avec le cercle de lumière des guérisseurs. Nous gardons le même principe : le cercle de lumière des guérisseurs regroupent des énergies d'amour inconditionnel dont l'objectif est de nous aider au niveau des nôtres, et par rapport au niveau des énergies de notre environnement.
Le cercle de lumière des guérisseurs sera très utile pour enlever les énergies néfastes présentes sur nous, sur notre pendule et dans notre maison.

Avant de penduler, appelez ces différents cercles en disant mentalement ou à haute voix :

« J'appelle le cercle de lumière des guides qui m'accompagnent et j'appelle le cercle de lumière des guérisseurs ».

En disant cette phrase, vous serez guidé par des énergies bienveillantes.
Mais ce ne sera pas suffisant.
Parlons maintenant de protection.

La protection

Lorsque l'on pendule, qu'on le veuille ou non, on attire des énergies à soi.
Malheureusement, on n'attire pas que de belles énergies. La protection empêchera ces énergies de venir se coller à vous. N'oubliez pas lorsque des énergies néfastes sont collées à vous, vos réponses peuvent être faussées et surtout vous pouvez vous sentir fatigué.

La protection se fait avant la purification. Si vous vous purifiez sans être protégé, vous risquez de rentrer dans un cercle vicieux. Plus concrètement, chaque fois que vous réalisez une action énergétique, vous attirez à vous des énergies néfastes qui viennent se coller à vous. Donc, si vous n'êtes pas protégé, pendant que vous enlevez les énergies néfastes, d'autres viennent se coller à vous. Tandis que si vous êtes protégé, les énergies néfastes que vous

attirez ne peuvent pas se coller à vous. Beaucoup de personnes pensent qu'une fois protégées, on ne peut plus enlever les énergies collées à nous mais pas du tout.
La protection empêche les énergies de venir se coller à nous, mais il est ensuite tout à fait possible d'éliminer les énergies néfastes.
Voyons comment faire une protection efficace :

Une protection se fait à l'aide des cercles de lumière.

Vous appelez les cercles de lumière en disant mentalement ou à haute voix :

"J'appelle le cercle de lumière des guides qui m'accompagnent, j'appelle le cercle de lumière des guérisseurs"

Et vous créez une belle bulle tout autour de vous.
Vous pouvez la visualiser ou simplement utiliser l'intention.

Cette bulle vous entoure au-dessus, devant, en bas, au-dessus, à gauche et à droite. Cette bulle est très forte

Toute énergie néfaste qui veut vous atteindre rebondit sur cette bulle et est emmenée par les cercles de lumière qui feront ce qu'il faut avec ces énergies.

Après une telle protection, vous pouvez avoir chaud, froid, bailler, ressentir des frissons, avoir des remontées émotionnelles, avoir les larmes aux yeux ou ne rien ressentir. Ce n'est pas parce que vous ne ressentez rien que c'est le néant.
Soyez-en certain, votre bulle est désormais bel et bien créée. Si vous doutez, votre bulle disparaît. Plus vous y croyez, plus elle sera forte. Faire appel aux cercles de lumière pour emmener les énergies néfastes est très important car très souvent, ces énergies sont renvoyées à l'univers.

Ce qui engendre une pollution énergétique de l'univers. D'autres personnes demandent de transmuter les énergies néfastes en amour. Cependant, toute énergie néfaste ne peut être changée en amour ou en énergie bénéfique. C'est comme si vous demandiez de transformer un vélo en eau, pour faire une comparaison étrange.

Tout comme toute énergie néfaste ne doit pas être détruite. Certaines d'entre elles doivent être reconduites dans leur monde. Seuls les cercles de lumière savent ce qui est à faire avec ces énergies néfastes.

Vous pensez peut-être que réaliser une bulle de protection prend du temps.

Plus vous le ferez, plus elle sera créée en quelques secondes. En fait, une protection ne dure qu'un temps. Ce temps dépendra de vous, de votre environnement. Si vous vous trouvez dans un lieu pollué d'énergies néfastes, votre bulle s'effilochera assez vite.
Il m'est malheureusement impossible de vous donner un temps exact. Alors, faites-vous confiance. Si vous pensez qu'une protection doit être refaite, c'est qu'il faut agir ainsi.
Mettez votre mental de côté et écoutez-vous, c'est fondamental.
Parlons maintenant du troisième paramètre à mettre en place avant de penduler ; il s'agit de l'enracinement.

L'enracinement

Lorsque l'on pendule, il est indispensable d'être centré et d'être ici et maintenant.

L'enracinement nous aidera à cela. Être enraciné, c'est être connecté aux énergies bénéfiques de Gaïa (= notre terre) et c'est être relié à ce qui nous entoure.

Comme nous venons de le voir, ce qui nous entoure comme l'univers peut contenir des énergies bénéfiques et des énergies négatives. Il est donc préférable d'être relié à sa source.

La source, c'est en fait l'endroit énergétique d'où notre âme provient. Cet endroit est rempli d'amour inconditionnel. Généralement, il ne nous est pas difficile de nous connecter à notre source. Nous nous y sentons tellement bien que nous y allons à chaque fois que nous le pouvons.

Prenons l'exemple du roseau.
Si on l'observe, on remarque que lors d'une tempête, il plie mais ne rompt pas.

Il est dirigé vers le ciel, ses racines sont solides ; il peut donc faire face à toute tempête.
À nous de faire pareil, plus nous sommes connectés aux énergies bénéfiques de Gaïa et à notre source, plus nous sommes capables d'affronter les difficultés.

Chose importante, plus nous sommes enracinés, moins nous sommes sensibles aux énergies nuisibles. L'enracinement se fait via une méditation dirigée que vous pouvez trouver sur l'application Zenergie ou sur ma chaîne YouTube "Chantal Vereyen soin énergétique en radiesthésie"

L'enracinement est à réaliser à chaque fois que vous pendulez. Je vous conseille d'écouter cette méditation pendant au moins 7 jours. Après une semaine, vous pouvez aller plus vite en utilisant des gestes de connexion à la terre et à votre source.

Voyons ces gestes.

Connectez-vous à la terre en plaçant une main sur le pubis et deux doigts sur le menton. Ensuite, connectez-vous à votre source en plaçant une main sur le coccyx et deux doigts sur la lèvre supérieure (en dessous du nez).
Pas besoin d'y mettre une forte pression.
Ces gestes activent des points d'acupuncture qui permettent un enracinement rapide.
Lorsque vous réalisez ces gestes, faites-les en conscience. Surtout, gardez bien en mémoire le pourquoi de ces gestes. Si vous les faites machinalement, l'enracinement ne se fera pas.

Maintenant que nous savons comment s'entourer de belles énergies, se protéger et
S'enraciner, il est temps d'enlever les énergies néfastes présentes sur le pendule, sur vous et présente dans votre maison. Cette action s'appelle la purification.

> **Exercice :**
> **Écoutez la méditation pendant 7 jours**

La purification

La purification permet de faire partir certaines énergies néfastes présentes sur vous, sur le pendule mais aussi autour de vous. Ces énergies néfastes vous parasitent et peuvent provoquer de la fatigue voire des mauvaises réponses.

Ici pas de sauge, de sel ou encore d'encens ...
La purification se fera à l'aide des cercles de lumière et à l'aide de votre pendule.
Cette notion est très importante afin que vous ne vous épuisiez pas.
La majorité des personnes utilisent leur propre énergie pour effectuer une purification.
Hé oui, lorsque vous utilisez de la sauge ou de l'encens, inconsciemment, vous utilisez vos énergies pour purifier la pièce ou autre.
Par conséquent, il se peut qu'au fur et à mesure, un épuisement se produise attirant ainsi des énergies néfastes vers vous.
Vous allez recevoir la clé pour éviter cela.

La purification à l'aide des cercles de lumière et à l'aide du pendule est beaucoup plus efficace que toute autre purification. Par ailleurs, les cercles de lumière connaissent bien les énergies néfastes. Ils vont éliminer tout ce qui peut poser un problème pour vous.

Une telle purification est très efficace si votre pendule est réactif dans vos mains.
N'hésitez pas à refaire encore et encore l'exercice de réactivité du pendule vu précédemment. Si votre pendule n'est pas très réactif, il se peut que cela vienne de vos énergies.

Appel, cercles de lumière, protection, enracinement, purification vous aideront à débloquer cela.

Arrêtons de parler, je pense qu'il est temps de réaliser la purification de votre pendule, de vous-même et de votre maison ou appartement.

Commençons par votre pendule.

Avant toute chose :

- **Dites mentalement ou à haute voix :**
« J'appelle le cercle de lumière des guides qui m'accompagnent, j'appelle le cercle de lumière des guérisseurs ».
- **Faites votre protection**
- **Enracinez-vous (méditation ou gestes)**
- **Prenez votre pendule en main et dites mentalement ou à haute voix :**
« Chers cercles de lumière, je vous demande de purifier et nettoyer le pendule que je tiens en main totalement ici et maintenant »
Si nécessaire, vous pouvez donner une petite impulsion.

Les cercles de lumière vont nettoyer et purifier votre pendule.

Le pendule tournera dans tous les sens durant toute la durée de l'action

Il n'y a aucun sens particulier à attendre.

Lorsque la purification et nettoyage seront finis, le pendule s'arrêtera. Cela peut en revanche prendre quelques secondes ou quelques minutes. Cela dépendra de ce qu'il faut enlever mais aussi si pour vous c'est nouveau ou habituel de faire une purification.

En fait, plus vous effectuerez cet exercice, plus cela ira vite.
Vous avez pu lire que je parle de nettoyage et purification
Pourquoi le terme "nettoyage" est important ? Parce que le nettoyage renforce l'action de la purification. Celle-ci seule n'enlève pas tout.

C'est comme si vous laviez votre sol. Vous enlevez le plus gros grâce à un nettoyage et ensuite, vous éliminez le tout avec la purification.
Ne vous inquiétez pas vous pouvez demander aux cercles de lumière d'effectuer un nettoyage et purification ou d'effectuer une purification et un nettoyage ; ici, l'ordre des mots n'a pas d'importance, les cercles de lumière savent ce qu'il y a à faire.

Lorsque le nettoyage purification de votre pendule est terminé, vous pouvez passer à la purification de vous-même. Et c'est extrêmement gratifiant.

Prenez votre pendule en main et dites mentalement ou à haute voix :

« Chers cercles de lumière, je vous demande de me purifier et nettoyer totalement ici et maintenant »

Si nécessaire, vous pouvez donner une petite impulsion.

Les cercles de lumière vont littéralement vous nettoyer et purifier. Le pendule tournera dans tous les sens durant toute la durée de l'action. Il n'y a aucun sens particulier à attendre. Lorsque la purification et nettoyage seront finis, le pendule s'arrêtera.

Cela peut prendre quelques secondes ou quelques minutes. Lorsque cette purification est terminée, vous pouvez passer à la purification de votre maison ou appartement.

Prenez votre pendule en main et dites mentalement ou à haute voix :

« Chers cercles de lumière, je vous demande de purifier et nettoyer totalement ma maison/appartement et tous les objets qui s'y trouvent ici et maintenant »
Si nécessaire, vous pouvez donner une petite impulsion.

Les cercles de lumière vont nettoyer et purifier votre maison/appartement.

Le pendule tournera dans tous les sens durant toute la durée de l'action
Il n'y a aucun sens particulier à attendre.

Lorsque la purification et nettoyage seront finis, le pendule s'arrêtera.
Cela peut prendre quelques secondes ou quelques minutes. Cette technique est géniale car vous ne devez pas aller de pièce en pièce pour purifier votre maison ou appartement. Les cercles de

lumière se chargent de tout.

Après un tel exercice, vous pouvez ressentir des frissons, avoir chaud, bailler, avoir des maux de tête, être fatigué, avoir beaucoup d'énergie... Chacun est différent et réagit à sa façon. Certaines personnes ne ressentent rien.

Ce n'est pas parce qu'on ne ressent rien qu'il ne se passe rien.
Si votre pendule bouge, soyez-en certain, c'est qu'il se passe quelque chose.
Votrementalnesaitpassivotrependuleabesoind'êtrepurifiéoupas.
Avec cette méthode, votre mental est au repos car il ne sait pas ce que les cercles de lumière vont faire.

Après une purification, prenez l'habitude de boire beaucoup d'eau.
L'eau va ancrer le travail et va éliminer les toxines libérées lors de la purification.

Cette purification agit sur vos énergies et sur les énergies qui vous entourent.

Elle peut correspondre à un début de soin énergétique.
Plus vous allez la faire, plus vous allez sentir des changements bénéfiques en vous.
 Mais attention, la purification ne tient qu'un temps.

En effet, comme votre protection s'efface au fur et à mesure du temps, votre purification ne tient que dans une certaine durée.

Combien de temps ? Impossible à déterminer car cela dépendra de vos énergies et des énergies qui vous entourent. Si votre environnement est néfaste énergétiquement, la purification ne tiendra pas longtemps.

Au fur et à mesure de votre pratique, vous saurez quand il sera temps de vous purifier. Mais en attendant, la purification se fait toujours avant de penduler
Toutefois, je vous conseille de l'effectuer une fois par jour.

Cela fait un bien fou à vos énergies et aux énergies de la mai-

son. C'est à vous de déterminer le moment le plus opportun pour vous, le matin et/ou le soir.
Chacun est différent, alors à chacun de trouver ce qui lui convient le mieux.

Réaliser une purification à distance

Vous venez de recevoir un protocole que j'ai mis en place au fur et à mesure de ma pratique. Vous pouvez aller plus loin et vous pouvez purifier à distance.
Vous avez remarqué que vous n'avez pas eu besoin de passer de pièce en pièce lors de la purification.

Quel bonheur, n'est-ce pas ?
Allons plus loin et purifions votre maison à distance. Vous êtes en vacances et vous devez purifier votre maison ou appartement, comment faire ?
Eh bien, vous allez noter l'adresse complète de votre maison ou appartement sur un papier.

Cela s'appelle faire un témoin. Je vous conseille de conserver votre témoin car vous en aurez besoin très régulièrement.

Ensuite :

Dites mentalement ou à haute voix :

« J'appelle le cercle de lumière des guides qui m'accompagnent, j'appelle le cercle de lumière des guérisseurs ».

Faites votre protection

Enracinez-vous (méditation ou gestes)

Prenez votre pendule en main, posez-le au-dessus de votre témoin et dites mentalement ou à haute voix :

« Chers cercles de lumière, je vous demande de purifier et nettoyer totalement ma maison/appartement et tous les objets qui s'y trouvent ici et maintenant »

Si nécessaire, vous pouvez donner une petite impulsion.

Les cercles de lumière vont nettoyer et purifier votre maison/appartement.
Le pendule tournera dans tous les sens durant toute la durée de l'action
Il n'y a aucun sens particulier à attendre.

Lorsque la purification et nettoyage seront finis, le pendule s'arrêtera. Facile, pratique et surtout super efficace.
J'espère que cet exercice a été facile pour vous.

En général après cet exercice, la majorité des personnes me pose la question suivante :

Peut-on purifier une autre personne que nous-même ?

Vous pouvez purifier d'autres personnes comme votre conjoint, vos amis, vos enfants, vos animaux, vos pierres, votre voiture, votre jardin de la même manière

Mais, cependant, il y a des règles éthiques à suivre. En effet, on ne fait pas n'importe quoi avec son chien ou son mari :

1. Vous pouvez purifier une personne seulement avec son accord !

La purification est une action sur les énergies ; vous ne pouvez décider d'agir sur les énergies des autres de votre propre chef. C'est déjà une marque de respect pour l'autre.

Ensuite, le fait de ne pas suivre cette règle pourrait signifier que vous vous prenez pour celui qui sait tout. Le monde bénéfique de l'énergétique n'aime pas cela et vous pourriez avoir des retours pas très agréables.

La radiesthésie se fait de manière humble pour s'aider soi-même et pour venir supporter les autres, leur apporter un soutien sincère. S'aider soi-même n'est pas être égoïste. Pour être bien dans cette vie-ci, il faut être bien à l'intérieur de soi.

Plus vous vous sentirez bien, plus vous apporterez du mieux-être aux autres.
Même si votre envie n'est pas spécialement d'aider l'autre, le fait d'être bien en soi fait que vous dégagez de belles énergies, et cela est un bonheur pour tous.

Donc, vous pouvez purifier votre conjoint et vos enfants avec leur consentement.

Si vos enfants sont très petits, vous pouvez les purifier automatiquement mais à partir du moment où ils peuvent vous comprendre, il est indispensable de les tenir au courant de ce que vous faites.

Ils comprennent très bien et sont très ouverts à cela, car la purification leur fait un bien fou. Pour les animaux, vous pouvez purifier tout animal dont vous êtes responsable.

Les animaux adorent en général et en ont besoin. Ils sont très sensibles aux énergies néfastes qui les entourent mais également celles présentes sur eux et sur nous. Nous purifier et les purifier à leur tour leur fait un bien incroyable.

Vous pouvez purifier les animaux des autres personnes avec le consentement du responsable de l'animal

Vous pouvez purifier les enfants d'autres personnes avec bien entendu l'accord de ces personnes.

Vous pouvez purifier les maisons d'autres personnes avec l'accord des habitants de cette maison

Alors, comment fait-on ? Pour les autres personnes que vous, je vous conseille de toujours créer un témoin.

Témoin pour une personne :

Nom (de jeune fille) + prénom + date de naissance.

Exemple : Chantal Vereyen née le 15/08/1965
(ce n'est pas ma vraie date de naissance).

Le nom de jeune fille est important car il représente vraiment qui vous êtes quelque soit les différents mariages qui auraient pu avoir lieu

Témoin pour un animal :

Nom de l'animal confié à nom (de jeune fille)
+ prénom de la personne responsable de l'animal
Exemple : Médor confié à Charlotte Bidule.

Des animaux qui s'appellent Médor, il y en a des tonnes mais il n'y en a qu'un seul au monde dont la responsable est Charlotte Bidule (sauf coïncidence extraordinaire).

Témoin pour une maison/appartement :

Adresse complète de la maison ou de l'appartement (la même adresse que lorsque vous envoyez un courrier postal).

Placez le témoin sur une table.

Dites mentalement ou à haute voix :

« J'appelle le cercle de lumière des guides qui m'accompagnent, j'appelle le cercle de lumière des guérisseurs ».

Faites votre protection
Enracinez-vous (méditation ou gestes)

Prenez votre pendule en main, posez-le au-dessus de votre témoin et faites la purification.

« Chers cercles de lumière, je vous demande de purifier et nettoyer totalement cette maison/cet appartement et tous les objets qui s'y trouvent ou cette personne ou cet animal complètement ici et maintenant »

Si nécessaire, vous pouvez donner une petite impulsion.

Les cercles de lumière vont nettoyer et purifier. Le pendule tournera dans tous les sens durant toute la durée de l'action.

Il n'y a aucun sens particulier à attendre.

Lorsque la purification et nettoyage seront finis, le pendule s'arrêtera, tout simplement. Comme pour vous, les personnes peuvent avoir froid, chaud, être fatiguées etc. Prévenez-les bien et n'oubliez pas de leur demander de s'hydrater, c'est important pour se sentir bien au quotidien.

Maintenant que nous avons éliminé les énergies néfastes, il nous reste encore une action à réaliser sur le pendule.
Voyons comment recharger son pendule.

Recharger son pendule

Vous avez peut-être entendu dire qu'il fallait recharger son pendule. Voyons ce que cela signifie. Recharger son pendule signifie redonner de l'énergie au pendule.
Nous l'avons vu, le pendule se charge négativement et au fur et à mesure son énergie s'estompe.

Pour redonner de l'énergie au pendule, certaines personnes le posent sur une fleur de vie, sur une grosse pierre en améthyste ou sur une grosse pierre en cristal de roche. Cette manière de procéder me pose un problème pour plusieurs raisons

Ma vision de la radiesthésie est que le pendule est la continuité de nos énergies, de notre âme.
Ce sont nos énergies et notre âme qui font osciller le pendule. L'énergie du pendule n'a rien avoir là-dedans.
Cela signifie que vous pouvez utiliser n'importe quoi comme pendule.

Une bague, un pendentif, un écrou, un boulon donneront de très bons résultats.
Pour cette raison, la matière du pendule n'a aucune importance. Toutefois, comme expliqué précédemment, avoir un pendule purifié et avoir nos énergies purifiées est primordial.

Donc peu importe si l'énergie du pendule s'estompe ou pas

puisque dans la méthode que je partage avec vous, on n'utilise pas l'énergie du pendule mais bien celles des cercles de lumière pour la purification en laissant la place à nos énergies pour répondre aux questions posées.

Recharger son pendule sur une pierre ou une fleur de vie sous-entend que lorsqu'on le place sur la pierre ou la fleur de vie, le pendule se décharge de toute énergie négative et se recharge en pleine énergie.

Comme tout objet peut se charger négativement, cela signifie qu'au fur et à mesure du temps, la fleur de vie ou la pierre se charge négativement et donc petit à petit ne fait plus son travail.

Au contraire, il risque d'y avoir une saturation d'énergies néfastes et donc le pendule restera chargé avec des énergies néfastes. Il est donc indispensable de purifier régulièrement la fleur de vie ou les pierres.

De plus, toute onde de forme comme les fleurs de vie peuvent être programmées.

Quand vous achetez une fleur de vie, connaissez-vous ce pourquoi elle est programmée ? Pas vraiment à priori.

Mais comment moi je procède alors ? Moi, j'aime travailler avec des outils qui possèdent 100% de leur capacité. Il est important que mes énergies ou celles des cercles de lumière passent bien par mon pendule.
Si mon pendule est à 0% de ses capacités, cela peut engendrer des réponses très timides. Cela peut avoir un impact sur la réactivité du pendule. Pour éviter cela, les cercles de lumière travailleront sur le pendule afin qu'il soit à 100% de ses capacités.

Mais ce n'est pas tout, j'avoue avoir un côté paresseux et purifier mon pendule à chaque fois m'ennuie un peu. Alors, j'ai réussi à mettre en place une méthode géniale qui permet au pendule de ne pas avoir d'énergies néfastes collées sur lui.

Mais attention, cela ne fonctionne pas pour toute la vie car en fonction des énergies néfastes qui vous entourent, il se peut que cette action s'efface au fur et à mesure du temps. Plus vous vous purifierez vous-même, plus vous purifierez votre maison, moins votre pendule se fera parasiter par des énergies néfastes.

L'action faite tiendra longtemps. Et grâce à cela, je ne purifie quasi plus mes pendules. Voici le protocole complet pour recharger le pendule et pour qu'il ne se charge plus d'énergies néfastes. Ce protocole s'effectue toujours sur un pendule qui vient d'être purifié.

· **Dites mentalement ou à haute voix :**

« **J'appelle le cercle de lumière des guides qui m'accompagnent, j'appelle le cercle de lumière des guérisseurs ».**

Faites votre protection
Enracinez-vous (méditation ou gestes)
Prenez votre pendule en main et dites mentalement ou à haute voix :

« **Chers cercles de lumière, je vous demande de purifier et nettoyer le pendule que je tiens en main totalement ici et maintenant »**

Si nécessaire, vous pouvez donner une petite impulsion. Lorsque le pendule est purifié, dites mentalement ou à haute voix :

« **Chers cercles de lumière, je vous demande de travailler sur ce pendule de manière à ce qu'il soit purifié et nettoyé à chaque instant, qu'il soit impossible qu'il se charge négativement et qu'il soit à tout moment chargé à 100% de ses capacités. Je vous demande d'agir pour que ce pendule soit très réactif lorsque je l'utilise »**

Le pendule tournera dans tous les sens durant toute la durée de l'action.

À partir de ce moment-là, il vous faudra juste vérifier si votre pendule a besoin d'être purifié ou pas.
En posant la question " Mon pendule a besoin d'être purifié"
Si la réponse est "non", vous n'avez rien à faire.
Si la réponse est "oui", le protocole complet devra être refait.

Vous pouvez poser cette question tous les 3 jours.

Petit à petit, vous sentirez de vous-même si vous pouvez attendre plus que 3 jours avant de poser cette question.

Voyons maintenant une notion très importante ; cette notion n'est pas très connue dans le monde de l'énergétique. Il s'agit de la clôture de votre session en radiesthésie.

Clôturer la séance

L'utilisation du pendule, en ce qui me concerne, peut être comparée à une séance énergétique. Il est primordial de clôturer cette séance en radiesthésie.
 Avant d'expliquer ce qu'est la clôture de la séance, je voudrais attirer votre attention sur une chose très importante.

Lorsqu'on utilise le pendule pour réaliser une purification ou pour poser des questions, qu'on le veuille ou non, on ouvre des portes vers l'invisible.

On laisse entrer dans notre monde des énergies qui n'ont rien à faire ici ou qui pourraient venir se coller à nous. Il est donc indispensable de refermer ces portes.

La clôture de la séance possède plusieurs objectifs.

Lorsque l'on clôture la séance, on dit aux cercles de lumière que nous avons fini de travailler avec eux. Les cercles de lumière vont alors vérifier nos énergies et le cas échéant travailler sur nous.

En effet, avant de penduler, nous avons effectué une purification sur nous-même et il se peut que nos énergies aient besoin d'un ajustement après cette action.

Les cercles de lumière s'en chargeront. Ils iront aussi fermer les portes que nous aurions ouvertes et ils s'occuperont des énergies néfastes libérées suite à notre séance.

Clôturer la séance est aussi l'occasion de remercier les cercles de lumière de leur présence.

Voici comment faire :

Prenez votre pendule en main et dites mentalement ou à haute voix :

« Chers cercles de lumière, je vous demande de clôturer cette séance et sceller tout ce qui a besoin d'être scellé, merci »
Si nécessaire, vous pouvez donner une petite impulsion.

Le pendule oscillera tout le temps de l'action. Une fois la séance clôturée, si vous voulez à nouveau utiliser votre pendule, il faudra refaire tout le protocole complet.

Cela peut vous sembler énorme mais plus vous le ferez, moins cela vous prendra de temps. N'oubliez jamais que si ce protocole n'est pas suivi vous risquez d'avoir des mauvaises réponses et surtout de vous épuiser.

Une fois que vous avez clôturé, vous ne pouvez plus poser de questions
Clôturer signifie que vous avez terminé. C'est un peu comme si vous raccrochiez lors d'un coup de fil.

Si vous avez oublié de poser une question ou autre, il faut recommencer tout le protocole.

Plus vous le ferez, moins de temps cela vous prendra.

Dites mentalement ou à haute voix :
« J'appelle le cercle de lumière des guides qui m'accompagnent, j'appelle le cercle de lumière des guérisseurs ».

Faites votre protection
Enracinez-vous (méditation ou gestes)
Prenez votre pendule en main et dites mentalement ou à haute voix :

« Chers cercles de lumière, je vous demande de purifier et nettoyer le pendule que je tiens en main totalement ici et maintenant. "

Attendez que le pendule s'arrête.

"Chers cercles de lumière, je vous demande de travailler sur ce pendule de manière à ce qu'il soit purifié et nettoyé à chaque instant, qu'il soit impossible qu'il se charge négativement et qu'il soit à tout moment chargé à 100% de ses capacités
Je vous demande d'agir pour que ce pendule soit très réactif lorsque je l'utilise »

Attendez que le pendule s'arrête.

« Chers cercles de lumière, je vous demande de me purifier et nettoyer totalement ici et maintenant "

Attendez que le pendule s'arrête.

Chers cercles de lumière, je vous demande de purifier et nettoyer totalement ma maison/appartement et tous les objets qui s'y trouvent ici et maintenant »

Si nécessaire, vous pouvez donner une petite impulsion.

Quand vous avez terminé, dites :
« Chers cercles de lumière, je vous demande de clôturer cette séance et sceller tout ce qui a besoin d'être scellé, merci »

1. Vous pouvez purifier une personne seulement avec son accord (!)
2. Vous pouvez purifier les animaux des autres personnes avec le consentement du responsable de l'animal
3. Vous pouvez purifier les enfants d'autres personnes avec bien entendu l'accord de ces personnes.
4. Vous pouvez purifier les maisons d'autres personnes avec l'accord des habitants de cette maison

Où penduler ?

On n'utilise pas son pendule dans la cuisine au moment de la préparation du repas, dans un endroit de passage, lorsque le chien devient fou, ou lorsque vos enfants jouent à côté de vous. Surtout pas !

L'idéal est de penduler dans un endroit calme où vous ne serez pas dérangé.
Utiliser un pendule nécessite de la concentration et de la zénitude.
Vos émotions peuvent influencer le pendule et provoquer de fausses réponses, sachez-le.

Tout d'abord, je vous conseille de créer un petit espace zen. Peu importe où, dans un bureau, un coin de votre chambre, etc.

Placez-y des bougies, de l'encens, des éléments qui vous attirent et qui vous apaisent ; Vous pouvez aussi mettre de la musique zen.

Créez un endroit apaisant pour vous, dans lequel vous vous sentez bien, en sécurité et apaisé. Nous venons de le voir, vos émotions peuvent influencer vos réponses.

Et si vous pensez à autre chose qu'à votre question, le pendule pourrait réagir à ce à quoi vous pensez. Par exemple, vous posez votre question et pendant un quart de seconde, vous pensez que vous avez besoin de tomates pour votre repas, le pendule pourrait répondre dans l'affirmation.

La réponse "oui" pourrait correspondre à vos tomates. Il faut absolument ne penser à rien. La méditation dirigée vous aide à vous apaiser et à ne penser à rien.

Avant de penduler, je vous conseille, donc, de méditer en faisant la méditation d'enracinement par exemple. Vous trouverez d'autres méditations gratuites sur l'application Zenergie ou sur ma chaîne YouTube.

Je vous conseille également de pratiquer la cohérence cardiaque.
Il s'agit d'un exercice qui va travailler sur votre respiration.
En inspirant et expirant profondément, petit à petit, vous calmez les battements de votre cœur tout en vous concentrant sur autre chose que vos émotions.

Votre cerveau est alors focalisé sur cet exercice et un apaisement survient. La cohérence cardiaque est à faire assis. Il existe pour ce faire plein d'exercices gratuits sur internet. Vous choisissez celui qui vous convient et vous le faites ensuite régulièrement pendant la semaine.

Cela vous aidera au niveau de vos énergies, au niveau de vos émotions.
 Si vous ne voulez pas faire la méditation d'enracinement avant de penduler, je vous suggère de réaliser au moins un exercice de cohérence cardiaque pendant quelques minutes. Vous verrez, vous vous sentirez plus apaisé et plus en condition pour poser vos questions.

Maintenant que vous savez comment avoir un environnement sain énergétiquement, il est temps de passer à la convention oui/non.

[CHAPITRE 4]
LA CONVENTION OUI/NON

Un pendule ne parle pas. Si vous posez la question « quelle est la couleur de la chemise de Chantal ? », vous ne recevrez aucune réponse directe, soyez en assuré.

Pour obtenir des réponses, il est indispensable de poser des questions fermées.
Ce sont des questions qui demandent automatiquement comme réponse un « oui » ou un « non ».

Le pendule peut nous donner un « oui » ou un « non »
En effet, il bougera de manière différente en fonction du « oui » et en fonction du « non » et ces mouvements sont dépendants de chaque personne
 Nous ne possédons pas tous la même convention oui/non.
Le pendule bouge en fonction de nos énergies.

C'est pour cela qu'il est indispensable d'établir la convention oui/non après une purification.

N'oubliez jamais que les énergies néfastes peuvent fausser les réponses et donc peuvent fausser votre convention oui/non.
Ce qui serait vraiment dommage.

Pour rappel, la radiesthésie est sensible à nos énergies.

Cela signifie que votre convention oui/non peut changer au cours du temps. En ce qui me concerne, elle a changé 3 fois pour finalement se stabiliser.

Si tout à coup, elle change, je sais en revanche que ce n'est pas normal.

Il se peut que je sois trop fatiguée ou que je ne pendule pas en étant dans une bonne position par exemple.

J'ai essayé plein de positions : assise sur le lit, couchée, assise sur une chaise, debout, etc. J'ai remarqué que la meilleure des positions était assise sur une chaise, les pieds au sol. Cette position me permet de bien instaurer mon enracinement et de minimiser tout mouvement de mon corps qui pourrait influencer le pendule.

En effet, si vous pendulez debout, votre corps bouge et fait bouger le pendule
Assis sur le lit, votre corps n'est pas assez « fixé », il bouge et influence le pendule.
Couché sur le lit, eh bien, il est très difficile de ne pas influencer le pendule avec le mouvement de notre bras. N'hésitez pas à faire votre propre expérience.

Établissons maintenant votre convention oui/non.

Comme vu précédemment, pour établir votre convention oui/non, vous :

Appelez le cercle de lumière des guides qui vous accompagnent
Appelez le cercle de lumière des guérisseurs
Réalisez votre protection
Réalisez un enracinement
Réalisez une purification de votre pendule, de vous, de votre maison/appartement

Et puis mentalement vous dites :

« Cher pendule bouge pour un oui ».
Instantanément votre pendule va réagir.
Il va dans le sens qui convient, à gauche, à droite, tout droit, tout est bon

Il s'agit de votre propre convention. Comme toujours, vous pouvez donner une légère impulsion. Puis, vous arrêtez le pendule.

Et vous recommencez bien l'exercice encore deux fois afin de vous assurer d'avoir une réponse répétitive.

Si vous avez toujours la même réponse, faites la même chose pour

le « non »
Et refaites l'exercice pour le « non » deux fois. Au fil du temps et de votre développement énergétique, la convention oui-non peut se modifier.
Vérifiez régulièrement votre convention avant de penduler.

Vous pouvez également obtenir une oscillation particulière pour le « peut-être » ou pour « je ne sais pas ». Faites comme précédemment, demandez au pendule de bouger pour un « peut-être » et de bouger pour « je ne sais pas »

Tout le monde ne possède pas ces deux conventions là. Si vous ne les avez pas, ce n'est pas grave. La convention oui/non vous aide déjà énormément.

Comme pour toute chose, quand vous avez terminé de réaliser votre convention oui/non, vous clôturez la séance.

Je le rappelle encore et encore, n'utilisez jamais votre pendule sans qu'il soit purifié.
Ce serait dommage que vos réponses soient faussées uniquement à cause de cela.

Les énergies néfastes peuvent influencer votre convention oui/non.

Après purification, votre convention peut changer et le pendule peut être plus réactif.

Au fil du temps, suite à un changement de vos énergies, votre convention peut changer jusqu'à se stabiliser.
Vérifiez, donc, régulièrement votre convention.

[CHAPITRE 5]
LES DANGERS DE LA RADIESTHÉSIE

La radiesthésie peut-elle être dangereuse ?
On peut lire beaucoup de choses à ce sujet. Utiliser un pendule n'est pas un jeu. Nous l'avons vu, dès que l'on prend un pendule, on attire à soi des énergies néfastes.

Savoir comment gérer ces énergies néfastes est primordial. Sans cela, vous risquez de vous faire parasiter par ces énergies. Se faire parasiter signifie avoir des énergies collées à soi. Lorsque l'on a des énergies collées, on peut être fatigué voire épuisé, se sentir en mal-être … Et finalement recevoir de très mauvaises réponses.

Hé oui, on peut recevoir des réponses qui ne nous aident pas du tout, qui plutôt nous apportent du flou ou qui nous mènent vers de mauvaises décisions.

Je ne le répèterai jamais assez :

Cercles de lumière, protection, enracinement, purification sont les règles importantes à suivre pour que vous puissiez faire de la radiesthésie en toute sécurité.

J'ai rencontré trop de personnes complètement à côté de la plaque. Trop de personnes aussi qui prodiguaient de mauvais conseils parce que ces règles-là n'étaient pas suivies ou même inconnues. Surtout ne commettez pas cette erreur-là.

Pour bien pratiquer la radiesthésie, il est indispensable de :

- Appeler les cercles de lumière
- Se protéger
- S'enraciner
- Purifier, son pendule, soi et son environnement maison appartement
- Recharger son pendule
- Calmer son mental
- Clôturer la séance

[CHAPITRE 6]
POSER LES QUESTIONS

Nous voilà arrivés à un moment clé de la radiesthésie. Nous avons vu que pour avoir des réponses fiables, il fallait :

- Faire appel aux cercles de lumière
- Se protéger
- S'enraciner, purifier son pendule, soi et sa maison/appartement ou pièce dans laquelle on se trouve.

On ne peut pas passer à côté de ces 4 règles là.
Toutefois, malgré cela, par moment, les réponses obtenues avec le pendule peuvent encore être complètement à côté de la plaque.

Voyons pourquoi.

Lorsque vos réponses vont dans tous les sens, c'est très souvent parce que votre question est mal posée. Tout d'abord, il y a des questions qui ne se posent pas et ensuite, il y a des termes à éviter.

Nous avons également vu que les questions doivent être fermées afin d'obtenir comme réponse un oui ou un non. C'est pour cette raison que nous avons établi votre convention.

Construction de la question

Dans un premier temps, voici comment une question doit être construite.

Elles doivent être :
- Fermées (c'est à dire demandent automatiquement un oui ou un non)
- Claires
- Précises
- Courtes

Plus les phrases sont longues, plus vous vous embrouillez dans la question, et plus la réponse risque d'être erronée.

Exemple : le travail qui me correspond le mieux est un job à côté de chez moi pour que je puisse m'occuper de mes enfants. Le pendule peut vous répondre oui ou non mais la question est bien trop longue.

Avez-vous remarqué que ma question n'en est pas vraiment une ? Il s'agit plus d'une affirmation avec un verbe au présent et sans négation.

C'est comme cela que je pratique, car cela me semble beaucoup plus efficace.
Maintenant, à vous d'essayer ce qui vous convient le mieux. Mais même si vous utilisez le mode interrogatif, utilisez toujours des verbes au présent et sans négation. Cela permet d'avoir des questions courtes. Si votre question est longue, découpez-là en plusieurs questions ou prenez les parties essentielles de votre interrogation.

On verra des exemples un peu plus loin, car il y a encore plein d'informations à ajouter. Que vous posiez votre question en style affirmation ou en style interrogatif, il y a clairement des termes à éviter.

Termes à éviter lors des questions

Je fais de la radiesthésie depuis 2006 et avec mon expérience, je vous conseille d'éviter « je dois »

Exemple : : je dois faire un mi-temps.

Vous n'êtes jamais obligé de faire quoi que ce soit. Vous faites ce que vous voulez de votre vie. C'est valable dans votre couple par exemple, dans les deux sens. En effet, c'est vous qui prenez les décisions.

Poser des questions au pendule vous sert de guide pas d'ordre.
J'ai déjà entendu dire « Mon pendule m'a dit que …., alors, j'ai fait ce qu'il m'a dit »
Non, non, et non. Vous êtes le maître de votre vie ; si la réponse

ne résonne pas en vous, attendez.

Laissez intégrer et regarder ce que ça fait à l'intérieur de vous. Parfois, recevoir une réponse que l'on n'attendait pas peut changer notre vision des choses, peut modifier nos réflexions et amener à prendre des décisions auxquelles on n'avait pas pensé.
C'est pour cette raison que la convention « peut-être », « Je ne sais pas » démontre tout son sens.

Autre terme à éviter :

« Je vais »

Exemple : je vais faire un mi-temps.

Avec cette simple phrase, il y a beaucoup à dire. Tout d'abord, utiliser le terme « je vais » apporte une connotation de futur.
Or, le futur n'est pas figé. Il peut changer en fonction des énergies qui vous entourent, en fonction des énergies mondiales et en fonction de vos décisions
Vous êtes le maître de votre vie. Vous ne pouvez pas changer le passé mais vous pouvez créer votre futur.

Quand je dis cela, certains me disent oui mais Chantal, le destin existe.

C'est vrai que certains moments de votre vie sont écrits mais pas tous.
Je peux vous assurer qu'acheter une maison dans le village A ou dans le village B ne dépend que de vous.

De plus, il y a des informations auxquelles vous n'avez pas accès. La vie est faite de hauts et de bas. Les moments difficiles de notre vie sont présents pour nous faire avancer sur notre chemin.

Si vous devez passer par ces moments difficiles, la réponse obtenue ne vous évitera pas de passer par cette épreuve. Vous vous direz peut-être « mon pendule m'a menti ». Lorsque l'on ne doit pas connaître la réponse, les réponses obtenues en radiesthésie ne sont pas cohérentes.

De plus, les réponses obtenues le sont à un instant T. Les énergies autour de nous, en nous, changent tout le temps. Cela signifie que les réponses peuvent changer. Ne prenez jamais de décisions sur une seule réponse. Posez la question plusieurs fois et pendant un certain temps jusqu'au moment où vous sentez que les énergies se sont stabilisées.

Si malgré tout, vous vous lancez dans des questionnements qui ont attrait au futur, je vous conseille d'utiliser plutôt votre verbe au futur comme « je travaillerai à mi-temps ».

Finalement, si on y réfléchit bien, on pose des questions pour le futur afin d'être rassuré.

On craint de prendre des mauvaises décisions ou encore on veut être rassuré par rapport au choix que l'on a fait. Je connais bien cela. Vous savez, j'ai organisé des stages de développement énergétique dans le désert et en Thaïlande.
J'avais besoin de savoir si c'était une bonne idée.

Pourquoi ce besoin ? Parce qu'on peut s'épuiser pour remplir des stages, parce que c'est prenant et parce que je voulais m'assurer que je n'allais pas perdre de l'argent.
Les réponses n'étaient pas claires du tout.

Et pourtant, je me suis lancée dans l'aventure.
Les stages se sont remplis et j'ai vécu des beaux moments mais aussi des moments très difficiles. J'ai eu des stages où je me demandais pourquoi ces personnes-là étaient venues le faire chez moi.

Et j'ai compris que le oui et non étaient logiques puisque j'avais des beaux stages et des stages pas top.
J'ai aussi pris conscience de ce que je devais vivre, que je le vivrai d'une manière ou d'une autre. Je me suis alors penchée sur ce que les stages avaient à m'apprendre. Je me suis posé la question « je continue ou pas ? ".

Mais je n'ai pas posé de questions au pendule car j'ai compris que la décision devait venir de moi et moi seule en accord avec moi-même. Dites-vous que lorsqu'il y a de l'incertitude en vous et autour de vous, les réponses risquent d'être aléatoires.

Je ne pose plus de questions au pendule pour m'aider à prendre des décisions car j'ai travaillé sur ma peur de me tromper ou de l'inconnu. Savez-vous comment ?
D'une façon très simple. Je répète certaines phrases positives afin que mon mental cesse de tourner et d'attiser la peur.

Ces phrases sont :

**« J'ai confiance dans la vie, ce qui est juste pour moi se fera
J'ai confiance dans mes décisions
Je suis capable de faire face à toute situation »**

N'hésitez pas à faire comme moi : répétez ces phrases plusieurs fois par jour jusqu'au moment où elles ne résonnent plus en vous. Vous verrez cela peut vous faire un bien fou.

Je vous ai déjà expliqué que je n'utilisais pas le mode interrogatif pour poser mes questions. De ce fait, j'évite également le terme « Est-ce que »
Ce terme apporte un certain flou à votre question

En utilisant, le mode affirmatif, vous évitez le flou, vous évitez l'incertitude. Alors, à quoi ressemble une bonne question ? La bonne question doit être fermée, courte, au présent, sans utiliser de négation et dans l'affirmation.

Exemple : mon corps est maintenant en carence de Vitamine D
Simple, nette et précise. Avec ce genre de question, vos réponses auront plus de chance d'être justes.

Mais il faut éviter ce genre de question-ci :

« Chantal porte des chaussettes blanches »

Qu'est-ce qui ne va pas dans cette affirmation ?

a)   De quelle Chantal parle-t-on ? Il existe des milliers de Chantal, donc sans avoir donné le nom de jeune fille et prénom de la personne, les réponses vont être fausses.

b)   À quel moment, Chantal porte-t-elle des chaussettes

blanches ? Donner une indication de temps est indispensable pour avoir une question qui tient la route.

c) Une telle question est-elle vraiment utile ? Si vous posez des questions inutiles, vous obtiendrez des réponses incohérentes. Il en sera de même si vous posez des questions indiscrètes sur d'autres personnes. La radiesthésie n'est pas un jeu et ne permet pas de faire n'importe quoi. Si vous posez des questions pour lesquelles vous n'avez pas le droit d'avoir les réponses, vous aurez des réponses fausses. Si vous outrepassez le droit à la vie privée et au respect de l'autre, vous aurez des réponses fausses. La radiesthésie n'a pas pour but de "bouffer" la vie de l'autre, ni de connaître ses secrets les plus intimes.

Donc, on pose des questions :

Simples, courtes, fermées, avec un verbe au présent, dans l'affirmation, sans négation et qui est utile pour vous.

L'objectif étant de vous aider dans cette vie-ci.

Continuons sur comment poser des questions. Celle-ci est bien posée mais ça ne fonctionne toujours pas.

Prenons l'exemple de la question « Mon conjoint est-t-il toujours amoureux de moi ? »

Pourquoi poser ce genre de question ? Soit parce qu'on a des doutes, soit parce que on a besoin d'avoir une confirmation de son amour. Quoi qu'il en soit, lorsque l'on va poser cette question, notre cœur va s'emballer, on va espérer très fort que le pendule oscille vers le « oui ». Bref, émotionnellement, on est perturbé. Ce qui peut fausser les réponses.

Ne posez pas des questions trop émotionnelles sauf si vous arrivez à bien gérer vos émotions. Cela signifie que vous êtes capable d'accepter toute réponse et surtout ne pas être en attente de telle ou telle réponse.

Si vous êtes en attente, inconsciemment, dans votre tête vous allez vous répéter « pourvu que ce soit oui » ou « pourvu que ce soit non » et hop, vous influencez la réponse.

Ne pensez à rien lorsque vous posez la question ou lorsque vous attendez la réponse. Si vous n'y arrivez pas, n'hésitez pas à poser la question plusieurs fois.

Cette technique permet de vous concentrer sur la question et pas sur la réponse.

Et n'oubliez pas la cohérence cardiaque.

Alors, on pose des questions :

Simples, courtes, fermées, avec un verbe au présent, dans l'affirmation, sans négation, utiles, sans attrait à l'émotionnel, en répétant plusieurs la question pour éviter l'influence du mental.

Afin de valider vos réponses, je vous conseille de poser votre question de manière différente et plusieurs fois. Exemple de questions par rapport à une maison :
Des énergies perturbatrices sont présentes au sein d'une habitation. Cette maison possède des énergies perturbatrices. Les énergies de cette maison sont donc perturbées.

On doit obtenir oui au 3 questions ou non au 3 questions

Autre exemple :

Le mari de Chantal XXXX née le XXXX se nomme Marc XXXX : oui
Marc XXXXX est le mari de Chantal XXXX : oui
Le mari de Chantal XXX se nomme Bidule : non

Si vous obtenez des réponses qui ne se tiennent pas, soit vous avez sur vous des énergies perturbatrices, soit les questions sont mal posées. Vous pouvez également penser à autre chose à ce moment-là et le pendule réagit à ce que vous pensez. Ou bien vous êtes fatigué, malade.
Cela peut-être aussi parce que vous n'avez pas le droit de poser les questions ou vous n'avez pas accès aux informations, ou alors la question ne vaut pas la peine d'être posée.

Pour bien valider vos réponses, vous pouvez demander si 100% de vos réponses sont correctes.
En disant : "100% de mes réponses sont correctes".
Si vous obtenez oui, vous faites la fête (LOL).
Il se peut que vous obteniez un "non" ; en effet, il y a beaucoup de chance que certaines réponses n'aient pas été correctes car elles sont inutiles ou elles ont attrait au futur etc., etc.

Pour le moment, nous avons vu comment poser des questions pour vous.
Si vous parlez autour de vous de votre apprentissage du pendule, vous risquez d'attirer des personnes intéressées par ce que vous faites.
Cela est génial car vous allez pouvoir partager avec ces personnes plein de belles choses
Mais attention, si vous pendule pour une autre personne que vous.
il se peut que vous ne soyez pas autorisé à aider la personne qui est venue vous voir, que vous n'ayez pas l'autorisation d'accéder à certaines informations.

Nous ne pouvons pas tout savoir, car il y a des apprentissages ou des expériences de vie qui doivent absolument être vécues.

Il est donc toujours indispensable de demander :

J'ai l'autorisation de penduler pour XXXXXX ?
J'ai l'autorisation d'aider XXXX ?
J'ai l'autorisation de poser des questions sur XXXXX ?

Pour rappel, les réponses obtenues sont des réponses obtenues à un instant T.
Les réponses peuvent changer au cours du temps. De plus, celles qui sont obtenues peuvent nous guider.
Toutefois, elles n'évitent en rien les expériences de vie.
Penduler ne vous protège en rien contre des situations que vous avez besoin de vivre pour avancer sur votre chemin de vie.

Je vais vous partager une anecdote.
J'ai des problèmes de thyroïde et je me bats constamment contre mon poids. Il faut avouer que c'est lui qui gagne très souvent.
Je consulte beaucoup de médecins pour comprendre ce qu'il se passe.

Afin de gagner du temps, un jour, j'ai posé des questions au pendule pour savoir quel médecin consulter. Et voici ce que j'ai obtenu de sa part :

Mon corps a besoin d'un nouvel avis médical ?
Oui

Je prends alors rendez-vous avec le docteur XXX professant à XXXX ?
Oui

Le dr XXXX possède la clé pour résoudre mes problèmes de thyroïde ?
Oui

Consulter un autre médecin que le dr XXXX est nécessaire ?
Oui

Avec une dernière réponse comme celle-là, on peut se dire que les réponses n'ont aucun sens. Et pourtant, tout est juste. Le docteur XXX a bien mis le doigt sur un gros souci au niveau de la thyroïde. Ainsi, le traitement a été modifié et ma thyroïde s'est mieux portée.

Était-ce suffisant ? Non. Car le traitement de la thyroïde est bloqué par un autre dysfonctionnement du corps. Et un ou plusieurs autres médecins seront peut-être nécessaires.

Voyez-vous, le pendule est une aide.

Cela semble parfois confus et au fur et à mesure, on comprend le sens des réponses obtenues.

Un jour, une personne m'a dit « Chaque personne peut apporter une clé, un outil.
Va chercher la clé et l'outil chez chacun et petit à petit la solution se profile au bout du chemin ». Je pense toujours à cela.

La solution peut prendre du temps, des semaines, voire des années mais chaque moment nous apprend quelque chose et nous fait avancer dans la vie.

Après ce grand moment philosophique, je pense qu'il est temps de faire un petit rappel.
Rappelons que pour bien penduler :

Préparez-vous une pièce sympa avec des bougies, de l'encens...
Assurez-vous de ne pas être dérangé
Soyez calme et concentré (vos pensées peuvent perturber vos réponses) Si vous êtes trop énervé, pratiquez la cohérence cardiaque.
Préparez votre témoin
Préparez vos questions
Appelez le cercle de lumière des guides qui vous accompagnent et le cercle de lumière des guérisseurs
Protégez-vous
Enracinez-vous
Demandez-leur de vous purifier/nettoyer
Demandez-leur de purifier/nettoyer le pendule si nécessaire (si vous avez fait en sorte qu'il ne se charge jamais...vérifiez que votre pendule soit ok)
Demandez-leur de purifier/nettoyer votre pièce (la pièce dans laquelle vous vous trouvez) ou maison/appartement
Si vous pendulez pour une autre personne, demandez si vous avez l'autorisation de penduler pour XXXX (bien entendu, la personne a donné son accord)
Si vous pendulez pour une autre personne, appelez le cercle de lumière des guides qui accompagnent cette personne (dont bien entendu vous connaissez le nom, prénom et date de naissance)
Posez toutes les questions une à une en laissant du temps entre chaque question (ne pensant à rien d'autre qu'à la question)
Clôturer la séance

Si vous avez oublié une question et que la séance est clôturée, tout le protocole doit être refait. Clôturer une séance équivaut au fait de raccrocher au téléphone.

Nous venons de le voir, poser des questions est la partie la plus difficile en radiesthésie, surtout quand on veut poser des questions sur notre futur et sur quelque chose qui nous touche très profondément.

Cela me fait toujours sourire lorsqu'une personne me dit "Je pose

toutes les questions que je veux et toutes mes réponses sont toujours bonnes"
Ne vous laissez pas influencer par ce genre de discours.

Toutes les bonnes réponses à 100% en permanence est quelque chose à laquelle je ne crois absolument pas, sauf si les questions posées sont à chaque fois magnifiquement bien posées ; ce qui me paraît impossible.
Même moi après autant d'années d'expérience, je réussis encore à "mal" poser des questions.
Cela fait partie de la radiesthésie et j'aime bien cela.
J'aime bien le fait d'être aiguillée tout en gardant mon libre arbitre.
J'aime le fait que cette aide me fait parfois réagir et me remet en question.

Quand j'ai une réponse qui ne va pas dans le sens attendu, je me remets en question et/ou je trouve des plans B etc

C'est génial car cela a un impact sur mes énergies, sur l'avancée de mes projets.

Car oui, quand on agit comme cela, certains projets vont plus vite puisque quelque part en nous, une réflexion plus intense s'est faite.

Si vous gardez bien tout cela en tête, vous vivrez des moments magiques avec la radiesthésie.

Toutefois, il y a certaines questions pour lesquelles, je suis certaine d'avoir de bonnes réponses.

Savez-vous lesquelles ?

Les questions utiles qui nous aident à améliorer notre bien-être bien entendu.

La géobiologie, les soins énergétiques, l'analyse des aliments etc donnent de magnifiques résultats.

L'émotionnel étant moins présent, le mental interfère peu et nos réponses sont souvent justes à 100%.
Lorsqu'il s'agit de nous apporter un mieux-être et lorsque l'on fait

des analyses factuelles de situations, on peut être très confiant

Exemple :

- Ma maison possède des énergies perturbatrices ?
- Les énergies perturbatrices de cette maison sont d'origine électrique ?
- Les énergies néfastes de cette maison sont d'origine géobiologique ?
- Les énergies négatives de cette maison sont d'origine subtile ?
Ma maison a besoin de l'action d'un géobiologue ?

Les réponses à ces questions seront très certainement correctes, aucun émotionnel dans ces questions et le mental est au repos puisqu'il ne connaît pas les réponses

Nous voilà arrivés à la fin de ce chapitre sur "Comment poser les questions au pendule"

Vous voilà maintenant au courant des règles de base de la radiesthésie, qui, en elles-mêmes ne sont pas compliquées.
Mon expérience m'a appris que la partie radiesthésie divinatoire et la partie « poser des questions » sont des parties de la radiesthésie très aléatoires.

Les réponses peuvent changer à tout moment car tout change perpétuellement en nous et autour de nous. De plus, poser des questions inutiles n'apportent que de la confusion.

La radiesthésie n'est pas là pour vous réconforter, pour vous guider. Elle est très efficace et très utile pour vous aider à vous développer, pour vous aider à aller chercher les réponses en vous. C'est pour cette raison que j'utilise essentiellement la radiesthésie pour effectuer des soins énergétiques, pour faire une analyse géobiologique ou pour trouver l'alimentation qui me convient.

Dans ce livre, je ne propose pas d'exercices particuliers que vous pourriez trouver ailleurs. Comme par exemple, cacher la carte dame de cœur et vous demander de la retrouver.
Pourquoi je ne le fais pas ?
Cela n'apporte rien, à part plus de confusion.

En effet, l'exercice « trouver la carte dame de cœur parmi d'autres cartes » est difficile à réaliser car il faut se connecter à l'énergie de la dame de cœur.
Cela fonctionne, mais pas tout le temps.
Et surtout en posant des questions inutiles, on reçoit des réponses fausses.
La radiesthésie fonctionne lorsque l'on pose des questions qui ont du sens et qui permettent aux personnes d'avancer ou qui permettent d'apporter un mieux-être.

Mais cela vous le savez bien, n'est-ce pas.

Et si vous effectuiez l'analyse de votre maison/appartement ?

Pour cela, voici comment faire :

· Faites un témoin en écrivant l'adresse complète de votre maison ou appartement (comme si vous alliez envoyer un colis chez vous).

Dites mentalement ou à haute voix :

« J'appelle le cercle de lumière des guides qui m'accompagnent, j'appelle le cercle de lumière des guérisseurs ».
Faites votre protection
Enracinez-vous (méditation ou gestes)
Prenez votre pendule en main et dites mentalement ou à haute voix :

Si votre pendule doit être nettoyé et purifié :

« Chers cercles de lumière, je vous demande de purifier et nettoyer le pendule que je tiens en main totalement ici et maintenant"

Attendez ensuite que le pendule s'arrête; une fois le pendule arrêté, dites mentalement ou à haute voix:

"Chers cercles de lumière, je vous demande de travailler sur ce pendule de manière à ce qu'il soit purifié et nettoyé à chaque instant, qu'il soit impossible qu'il se charge négativement et qu'il soit à tout moment chargé à 100% de ses capacités."

Je vous demande d'agir pour que ce pendule soit très réactif lorsque je l'utilise. Attendez que le pendule s'arrête.

« Chers cercles de lumière, je vous demande de me purifier et nettoyer totalement ici et maintenant ".

Attendez que le pendule s'arrête.

"Chers cercles de lumière, je vous demande de purifier et nettoyer totalement ma maison/appartement et tous les objets qui s'y trouvent ici et maintenant."

Quand vous avez terminé, placez le pendule au-dessus du témoin et posez vos questions :

Ma maison/appartement possède des énergies perturbatrices ?
Les énergies perturbatrices de cette maison/appartement sont d'origine électrique ?
Les énergies perturbatrices de cette maison/appartement sont d'origine géobiologique ?
Les énergies perturbatrices de cette maison/appartement sont d'origine subtile ?
Ma maison/appartement a besoin de l'action d'un géobiologue ?
100% de mes réponses sont correctes ?

Quand vous avez terminé, gardez le pendule en main mais ne le placez plus au-dessus du témoin et dites mentalement ou à haute voix :

« Chers cercles de lumière, je vous demande de clôturer cette séance et sceller tout ce qui a besoin d'être scellé, merci »

Vous venez de faire une analyse partielle de votre maison/appartement.

Et si vous faisiez l'analyse de votre alimentation ?

J'ai des soucis d'allergies alimentaires et d'intolérances alimentaires ; l'analyse alimentaire de ce que je mange me permet d'aligner mon alimentation en fonction de mon corps.

Pas mal hein ?

Corps et alimentation

Alors qu'en est-il de votre corps et de votre alimentation ? Vous êtes prêt à tester ? il se peut que vous appreniez des choses. C'est le cas pour mes stagiaires en formation, voyons voir si c'est le cas pour vous.

Tout d'abord, dressez la liste de tous les aliments que vous mangez. Soyez le plus précis (exemple : farine de blé de la marque xxx). Faites un témoin avec votre nom (de jeune fille), prénom et date de naissance.

Hé oui, même pour moi-même, je fais un témoin. Cela me permet d'être bien concentrée sur mes questions et d'être certaine que je pendule bien pour moi.
En effet, parfois, lorsque l'on pendule pour soi, notre esprit vagabonde et pense à autre chose.

En faisant, un témoin, je me centre bien et je fais comme si je posais des questions pour une autre personne. Ainsi, mon émotionnel est moins présent
À vous d'essayer avec témoin et sans témoin pour voir ce qui vous convient le mieux.

Préparez votre témoin. Dites mentalement ou à haute voix :

« J'appelle le cercle de lumière des guides qui m'accompagnent, j'appelle le cercle de lumière des guérisseurs ».

Faites votre protection
Enracinez-vous (méditation ou gestes)
Prenez votre pendule en main et dites mentalement ou à haute voix :

Si votre pendule doit être nettoyé et purifié :

« Chers cercles de lumière, je vous demande de purifier et nettoyer le pendule que je tiens en main totalement ici et maintenant ;

Attendez que le pendule s'arrête.

"Chers cercles de lumière, je vous demande de travailler sur ce pendule de manière à ce qu'il soit purifié et nettoyé à chaque instant, qu'il soit impossible qu'il se charge négativement, et qu'il soit à tout moment chargé à 100% de ses capacités.
Je vous demande d'agir pour que ce pendule soit très réactif lorsque je l'utilise ».

Attendez que le pendule s'arrête

« Chers cercles de lumière, je vous demande de me purifier et nettoyer totalement ici et maintenant ".

Attendez que le pendule s'arrête

"Chers cercles de lumière, je vous demande de purifier et nettoyer totalement ma maison/appartement et tous les objets qui s'y trouvent ici et maintenant ».

Si nécessaire, vous pouvez donner une petite impulsion. Quand vous avez terminé, placez le pendule au-dessus du témoin et posez vos questions :

Je suis intolérant à XXXX
Je suis allergique à XXX
Cet aliment est toxique pour moi

Posez ces trois questions pour chaque aliment que vous mangez, et placez une croix à côté de chaque victuaille qui ne vous convient pas.

Quand vous avez terminé, gardez le pendule en main mais ne le placez plus au-dessus du témoin et dites mentalement ou à haute voix :

« Chers cercles de lumière, je vous demande de clôturer cette séance et sceller tout ce qui a besoin d'être scellé, merci ».

Alors, avez-vous eu des surprises ?

Moi, j'en ai eu avec les noix de cajou. Tout le monde disait que

c'était bon pour la santé et en effectuant cet exercice, j'ai découvert qu'elles étaient nocives pour moi.
Très intéressant car chacun réagit aux aliments en fonction de qui il est.

L'intolérance à un aliment se manifeste de la même manière qu'une allergie.
Cette dernière peut être mise en évidence via des prises de sang ou des tests chez un allergologue.
L'intolérance alimentaire, quant à elle, ne se distingue pas dans les prises de sang.

C'est pour cette raison que la radiesthésie est très utile.
On va pouvoir détecter des éléments essentiels pour nous.

Mais attention, on peut ne pas être allergique ou intolérant mais posséder des aliments qui sont toxiques pour notre corps.
Et notre organisme refuse l'aliment en question.

Il n'y a pas toujours d'effets visibles mais en éliminant cet aliment de notre vie, on peut remarquer certains changements (moins de fatigue, etc.).

Je vais vous raconter une anecdote par rapport à cela.
Pour ma thyroïde, je consulte plusieurs médecins.
L'avis général était de me faire arrêter la prise de gluten.
Chose que j'ai faite bien entendu ; il m'a été conseillé de changer le pain par des galettes de sarrasin.
Tout se passait magnifiquement bien.
Seulement, pendant 2 mois complets, j'étais épuisée, épuisée, épuisée.

Je me réveillais à côté de mes pompes, je faisais des siestes de 2h et j'avais l'impression de ne pas remonter la pente.
Bien entendu, je pensais que c'était encore à cause de ma thyroïde.

Hé bien pas du tout.

Après questionnement en radiesthésie, il a été mis en évidence que cela venait de mon alimentation

J'ai à nouveau réalisé une étude.

Et, il s'est avéré que le sarrasin était toxique pour moi. Ni une, ni deux, j'ai arrêté d'en prendre et l'épuisement s'en est allé.

Je vous conseille de réaliser cet exercice très régulièrement.
Vous irez peut-être de surprise en surprise comme moi.

Nous voilà arrivés à la fin de ce chapitre, partons maintenant à la découverte des questions les plus souvent posées sur la radiesthésie

[CHAPITRE 7]
QUESTIONS RÉGULIÈREMENT POSÉES SUR LA RADIESTHÉSIE

Quand faut-il penduler ?

Le pendule est sensible à vos énergies. Si vous êtes fatigué, malade ou que vous avez bu de l'alcool ou autre, les réponses obtenues peuvent être faussées. Il se peut même que votre pendule ne réagisse pas.

Chacun possède un moment qui lui convient pour penduler : le matin, l'après-midi, le soir etc. Moi, je suis beaucoup plus efficace le matin. Pour le savoir, j'ai testé en posant des questions à différents moments de la journée.

Mes réponses étaient beaucoup plus fiables le matin en ce qui me concerne bien sûr
À vous de tester pour vous.

Puis comme nous l'avons déjà vu, il est indispensable de penduler dans un endroit calme.

Sur la radiesthésie, on entend énormément de choses amusantes.

Oui, oui.
J'ai déjà entendu des personnes qui disaient qu'on ne pouvait pas penduler le dimanche.

On revient toujours à la même chose : votre pendule dépend de vos énergies. Sont-elles différentes le lundi, le dimanche, le mardi ou le jeudi ?

Non, le jour de la semaine n'a pas d'impact sur vos énergies.

Les énergies néfastes cependant, elles, elles ont un impact sur vous.

Je vous conseille d'effectuer régulièrement la purification même si vous ne pendulez pas. Une purification est un mini soin énergétique, et elle aura un impact bénéfique sur vous.

Où faut-il ranger son pendule ?

Vous le rangez où vous voulez et dans ce que vous désirez.
Une boite, une pochette (peu importe la couleur) etc. peuvent accueillir votre pendule ou vos pendules.

Moi, j'utilise des pochettes de couleurs différentes et j'y mets plusieurs pendules dedans.

Nous avons le protocole de purification et le protocole pour recharger les pendules ; avec cela, nous n'avons rien à craindre, nos pendules seront toujours en parfait état.

La couleur de vos pochettes, la matière de votre boîte n'influence pas votre pendule si vous suivez bien le protocole que l'on a vu ensemble.

Ma ficelle ou ma chaînette fait régulièrement des nœuds, est-ce grave ?

Il arrive que votre chaînette ou ficelle fasse un nœud, voire plusieurs nœuds.
Cela n'a aucune signification. Certains vont vous dire que vous ne pendulerez pas bien ou que grâce aux nœuds, vous êtes protégé des énergies négatives.

C'est un peu sous-estimé la puissance des énergies quelle que soit leur nature. Un nœud ne peut vous empêcher de penduler et ne sera pas suffisant pour vous protéger. Si vous avez un nœud dans votre chaînette ou ficelle, c'est que le nœud s'est fait de lui-même, tout simplement.

Peut-on porter son pendule sur soi ?

Certaines personnes utilisent le pendule comme pendentif et ensuite l'utilisent pour penduler. Il n'y a aucun souci à cela tant que vous utilisez bien le protocole de purification.

En effet, porter son pendule sur soi fait que le pendule rencontre plein d'énergies.

Il peut donc plus facilement se charger négativement même si vous l'avez programmé pour que cela n'arrive pas.

La programmation est efficace mais elle s'effacera au fur et à mesure du temps surtout si vous emmenez votre pendule partout avec vous. Si c'est votre cas, purifiez bien votre pendule avant utilisation.

Peut-on prêter son pendule ?

Pourquoi ne pourrait-on pas prêter son pendule ?

Parce que c'est personnel ?

Pour ne pas avoir l'énergie de l'autre sur le pendule ?

Vous avez programmé votre pendule, donc vous pouvez facilement purifier votre pendule, alors le prêter n'est pas un problème. En fait, vous avez tous les outils pour que son énergie soit au top.

On ne prête ses outils qu'à des personnes respectueuses et qui en prennent soin.

Et si vous n'avez pas envie de prêter votre pendule pour des raisons qui vous sont propres, vous en avez tout à fait le droit bien évidemment.

Peut-on utiliser le pendule d'une personne décédée ?

C'est la même chose que pour prêter son pendule. Une fois que le pendule est purifié et programmé (à 100% de ses

capacités), vous pouvez utiliser le pendule d'une personne décédée.
Avec la purification, les énergies de la personne sont éliminées, et le pendule redevient comme neuf.

Peut-on mettre le coude sur la table lorsque l'on pendule ?

Nous en avons déjà parlé dans ce livre. Moi, je mets le coude sur la table et cela afin de bien fixer mon bras et éviter des mouvements involontaires.
Ce n'est pas parce que votre coude est plié que l'énergie n'arrivera pas jusqu'au pendule.

De quelle main tient-on son pendule ?

Nous l'avons vu également mais j'avais envie de le répéter pour bien ancrer les choses. Vous tenez le pendule de la main qui vous convient.
Comme expliqué, n'hésitez pas à tester quelle main vous convient le mieux et avec quelle main le pendule est le plus réactif. Chacun pendule avec la main qu'il désire.

Qui répond aux questions ?

Le pendule est le prolongement de notre énergie et de notre âme. Lorsque l'on pose une question, ce sont nos énergies (énergie du corps) et notre âme qui répondent, mais aussi les énergies qui nous entourent.

C'est pour cette raison que la purification est importante car elle élimine les énergies néfastes qui se trouvent autour de vous, sur vous et sur le pendule. Ces énergies pourraient répondre à votre place et donc fausser les réponses.

Lorsque vous faites appel au cercle de lumière des guides qui vous accompagnent et au cercle de lumière des guérisseurs, eux aussi peuvent répondre aux questions que vous posez. C'est pour cette raison que les appeler est très important

Faut-il allumer une bougie quand on pendule ?

La bougie est utilisée pour éloigner les énergies néfastes. Vous avez reçu le protocole pour éliminer ces sordides énergies. Les cercles de lumière, la protection, l'enracinement et la purification sont beaucoup plus efficaces qu'une bougie allumée.

Mon pendule est fissuré, puis-je encore l'utiliser ?

Si votre pendule est fissuré mais que votre convention oui/non tient la route et qu'il est réactif dans vos mains, alors vous pouvez toujours l'utiliser. Un de mes pendules a le bout cassé et je continue à m'en servir. En effet, avoir le bout cassé n'a aucun impact sur les réponses étant donné que nos réponses viennent de nous, de notre âme ou des énergies qui nous entourent.

Ce n'est pas une fissure ou un bout cassé qui pourra changer cela. N'oublions pas qu'un écrou et une ficelle servent très bien de pendule.
Toutefois, il arrive que lors d'une séance, le pendule s'enflamme, tourne très vite et hop, il vole et se fracasse au sol.

S'il n'a rien, tout va bien. S'il est cassé, vous pouvez essayer de le recoller avec une colle forte. Ensuite, il faut voir par la suite comment il réagit. Honnêtement, je n'ai jamais recollé un pendule cassé. J'ai toujours pris cela comme étant le moment de changer de pendule.

Je vous dirais de faire comme vous le sentez. Écoutez-vous et surtout vérifiez bien sa réactivité entre vos mains ainsi que sa convention oui/non.
Si tout est ok, alors il n'y a pas de raison de changer.

On m'a déjà demandé à quel endroit jetons-nous un pendule.
Très bonne question à laquelle à ce jour, je ne peux répondre car je n'ai jamais jeté un seul pendule. Même les pendules cassés, je les conserve.
En effet, j'ai du mal à m'en séparer

Pour les pendules en pierre et en bois, j'ai tendance à dire de les remettre dans la nature car le bois et la pierre viennent de mère nature. Pour les autres, il me semble difficile de casser un pendule en métal ou en résine : conservez-les, donnez-les, transformez-les en pendentif...

À force d'utilisation, la chaîne ou la ficelle peuvent s'user et se casser, entraînant parfois la chute du pendule. Vérifiez-les de temps en temps afin de les remplacer au bon moment.

Pourquoi mon pendule ne bouge pas ? Tout le monde peut-il penduler ?

Pour utiliser un pendule, il ne faut pas un don particulier. Mais pour y arriver, il faut que votre pendule soit réactif entre vos mains.
Nous l'avons vu, le pendule est la continuité de vos énergies et de votre âme.
Si vos énergies ne circulent pas de manière fluide en vous, il se peut que votre pendule soit timide ou ne réagisse pas du tout. Un travail sur vos énergies s'avèrent nécessaire.

La purification travaille sur vos énergies. Celles néfastes collées sur vous peuvent empêcher la circulation de vos énergies.
Pour mémo, appel des cercles de lumière, protection, enracinement, purification sont des étapes qui travaillent sur vos énergies.

Plus vous le ferez, plus ces étapes iront vite, plus
celles-ci changeront et plus votre pendule réagira.

N'hésitez pas à changer de main, à mettre votre pendule au-dessus de la paume de l'autre main afin de voir si cela peut avoir un impact sur la réactivité de votre pendule.

Et au fur et à mesure de vos changements énergétiques, il est fort possible que le sens de rotation de votre pendule change.

Autre question posée par une de mes stagiaires :
"J'ai 2 pendules et ils n'ont pas la même oscillation."

Cela peut arriver si :

L'étape nettoyage/purification n'est pas faite
Vous pensez à autre chose quand vous effectuez votre convention oui/non
Vos énergies ne sont pas encore bien stabilisées

Vous savez maintenant ce qu'il faut faire. Vous avez tout en main pour bien stabiliser tout cela.

Je pense à plein de choses quand je médite

Nous avons vu que la méditation d'enracinement permettait de vivre le moment présent. Elle est très importante car elle aussi travaille sur vos énergies.
Beaucoup de personnes reviennent vers moi en me disant « Oui mais Chantal, je pense à beaucoup de choses quand je médite, je suis incapable de méditer ».

Savez-vous que c'est totalement faux ?

Être en état méditatif, c'est comme être en état d'hypnose. Lorsqu'on est en état méditatif, on entend encore ce qu'il se passe, on est conscient mais on n'est pas vraiment là.

Lorsque vous pensez à autre chose, n'êtes-vous pas « ailleurs » ?

Certainement que oui, vous êtes donc bien en état méditatif.

Et lorsqu'on est en état méditatif, on prend du temps pour soi et c'est alors l'occasion pour que certaines pensées apparaissent.

Parfois, ces pensées peuvent provenir de votre âme.
Laissez ces songes venir à vous-même s'ils n'ont rien à voir avec la méditation.

Ces pensées ont besoin d'être exprimées, alors laissons-les faire.
Vous savez, des personnes s'endorment pendant les méditations.

C'est très bien aussi, cela signifie que le corps et le mental se relâchent.

Et ça, c'est génial. Pour autant, cela signifie-t-il que la méditation n'a aucun impact sur la personne ?

Pas du tout. Quoi qu'il se passe, l'inconscient et les énergies de la personne perçoivent les bénéfices de la méditation.

Et pour terminer ce chapitre, penser à autre chose et empêcher ses pensées de venir à soi est encore pire.

Ne pense à rien, ne pense à rien, ne pense à rien, voilà ce que beaucoup de personnes répètent pendant les méditations.
En faisant cela, vous arrivez au même résultat ; finalement, vous pensez à quelque chose.

Donc, laissez vos pensées venir et, petit à petit, avec de l'entraînement vous pourrez suivre la méditation complètement.

CONCLUSION

Nous voici arrivés à la fin de ce livre. J'espère que vous avez trouvé des clés pour améliorer votre pratique en radiesthésie. Vous êtes maintenant au courant des règles de base de celle-ci. La radiesthésie en elle-même n'est pas compliquée.

Mon expérience m'a appris que la partie radiesthésie divinatoire et la partie « poser des questions » sont des parties de la radiesthésie très aléatoires.
Les réponses peuvent changer à tout moment car tout change perpétuellement en nous et autour de nous. De plus, poser des questions inutiles n'apportent que de la confusion.

La radiesthésie n'est pas là pour vous réconforter. En fait, elle est très efficace et très utile pour vous aider à vous développer, pour vous aider à aller chercher les réponses en vous. C'est pour cette raison que j'utilise essentiellement la radiesthésie pour effectuer des soins énergétiques.

Un travail sur les énergies fait un bien fou.

Tous mes stagiaires vous le diront, leur vie a changé grâce aux soins énergétiques en radiesthésie.

La mienne aussi soit dit en passant.

Je vous partagerai cela dans un prochain livre.

Je suis heureuse d'avoir mis mon expérience à votre service.

Continuez à pratiquer et n'oubliez pas votre protocole, il est une base indispensable pour devenir de plus en plus expérimenté en radiesthésie.

Je vous souhaite un merveilleux chemin avec le pendule.

Chantal

Les photographies et textes
ont été créés par
Chantal Vereyen
et sont l'unique propriété
de Chantal Vereyen.

Site internet :
https:// www.chantalvereyen.com

Boutique en ligne :
https://boutique.chantalvereyen.com/

Aucune reproduction
n'est autorisée

Dépôt légal :
Août 2023

© Chantal Vereyen - 2023

Création graphique et mise en page :
Studio Karma - www.studiokarma.fr

Printed in Great Britain
by Amazon